KB268040

이름이 성격을 좌우합니다

(한글의 재발견)

# 이름이 성격을 좌우합니다<sub></sub>(한글의 재발견)

초판 1쇄 인쇄    2014년 05월 09일
초판 1쇄 발행    2014년 05월 16일

지은이    김 근 후
펴낸이    손 형 국
펴낸곳    (주)북랩
편집인    선일영                편집    이소현, 이윤채, 조민수
디자인    이현수, 신혜림, 김루리         제작    박기성, 황동현, 구성우
마케팅    김회란
출판등록   2004. 12. 1(제2012-000051호)
주소     서울시 금천구 가산디지털 1로 168, 우림라이온스밸리 B동 B113, 114호
홈페이지   www.book.co.kr
전화번호   (02)2026-5777              팩스    (02)2026-5747

ISBN     979-11-5585-225-5 13180(종이책)  979-11-5585-226-2 15180(전자책)



이 도서의 국립중앙도서관 출판시도서목록(CIP)은 서지정보유통지원시스템 홈페이지(http://seoji.nl.go.kr)와
국가자료공동목록시스템(http://www.nl.go.kr/kolisnet)에서 이용하실 수 있습니다.
( CIP제어번호 : 2014014876 )

# 이름이
# 성격을
# 좌우합니다

김 근 후 지음

book Lab

필자는 2008년경부터 한글이 소리글자이면서 뜻글자라는 사실에 조금씩 눈을 뜨면서 한글의 자모에 대해 연구를 계속하였고, 마침내 그 연구 결과를 정리하여 2013년 5월경에 《한글의 비밀》이라는 제목의 책을 발간하였습니다. 그러나 필자의 기대와 달리 이 책은 독자들로부터 전혀 관심을 받지 못하였습니다.

그런데 일부 독자들 중에는 한글이 뜻글자라는 근거가 어디 있는가라고 물어오는 독자가 있었습니다. 그때 필자는 그 독자에게 "우리 말과 글에는 이미 소리글자이면서 뜻글자로 이루어져 있고, 필자는 단지 그 사실을 발견한 것뿐이다"라고 답변한 바 있습니다. 사실, 우리는 우리 말과 글이 이런 엄청난 비밀이 숨겨져 있는지 정확히 알지 못하면서도 그것을 알게 모르게 느끼면서 사용하고 있습니다.

그리고 한편으로, 필자는 역사적인 소명의식을 점차 갖게 되었습니다. 만약 필자가 이런 한글의 엄청난 비밀을 정리해 놓지 않으면 필자와 같은 사람이 또 언제 나타나 이를 연구하고 정리할 것인가라는 생각을 하게 되니, 비록 부족한 글이라도 연구한 것을 정리하자는 쪽으로 결론을 내리게 되었습니다.

이때부터 필자는 이렇게 우수한 한글을 어떻게 하면 많은 사람들에게 알릴 수 있을까라는 고민에 또다시 사로잡혔습니다. 필자는 수많은 궁리 끝에 내린 결론이 한글의 기운과 뜻이 사람들이 사용하는 이름에도 그대로 녹아 사람의 성격에까지 영향을 미친다는 사실을 통해 한글의 우수성과 위대함을 알리자는 쪽으로 결심하게 되었습니다.

필자는 《한글의 비밀》을 집필할 당시, 이름에 대해 너무 깊이 기술하는 것은 한글의 가치를 폄하시키는 것이라고 생각했던 적이 있었습니다. 그러나 필자는 그 마음을 바꾸기로 결심하였습니다. 그 이유가 이런 한글의 엄청난 사실을 가장 잘 느끼고 파악할 수 있는 방법이 바로 이름을 한글로 분석하는 것이며, 이 방법은 우리나라 사람들의 이름뿐 아니라 세계 모든 나라 사람들의 이름에 공통적으로 적용할 수 있기 때문입니다. 또한, 대부분의 사람들은 이름을 한글로 분석하면 그 사람의 성격을 정확히 파악할 수 있다는 사실에 놀라지 않을 수 없기 때문이기도 합니다.

　필자는 이 책에서 이름이 그 사람의 성격에 미치는 영향에 대해 글자의 위치별, 자모별에 따라 이해를 돕기 위해 그 비중을 숫자로 표시하였는데, 그 비중은 다소 틀릴 수도 있습니다. 그리고 자모별 성격분석에 대해서도 부족한 점이 많이 있을 수 있습니다. 이 점에 대해서는 독자 여러분들의 이해를 구하는 바입니다. 그리고 필자 역시 이 점에 대해 향후 정밀한 연구를 통해 계속 보완해 나가도록 노력할 것이며, 후학들의 많은 연구를 기대하고 있습니다.

　이 책은 크게 「이름분석을 통해 본 한글의 위대함」, 「유명인들의 이름분석」, 「한글의 원리」 등 3개의 장으로 나누어 전개될 것입니다. 자신의 이름이 자신의 성격을 어떻게 좌우하는지, 그에 대한 근거는 바로 한글의 원리에서 찾을 수 있는 것입니다. 여러분이 이 책의 마지막 페이지를 덮는 순간 한글의 매력에 푹 빠지게 될 것이라고 확신하면서 출발하도록 하겠습니다.

# CONTENTS

# 제 1 장

# 이름 분석을 통해 본
# 한글의 위대함

인간은 왜 이름에 영향을 받는가?
이름에 나타나는 모음의 특징
이름에 나타나는 자음의 특징
자모가 결합된 이름의 특징

# 인간은 왜 이름에 영향을 받는가?

1) 인간은 대자연에서 나고 자라기 때문에 대자연과 호흡하면서 함께 살아가는 존재입니다. 그렇기 때문에 인간은 대자연의 순리를 거역하면서 살아갈 수 없습니다. 그리고 인간은 누구나 알게 모르게 자신 주위의 모든 것들과 필연적으로 교감을 나누게 됩니다.

자신이 부드럽고 따듯한 사람이라면 그런 사람과 가까이 하게 되고, 심지어 자신이 사용하는 생활도구까지도 그런 도구를 가까이 두고 사용합니다. 심지어 생활습관이나 사고방식도 그와 유사한 형태를 띠며 살아갑니다.

반면, 자신이 강하고 거친 사람이라면 그런 사람과 가까이 하고, 자신이 사용하는 생활도구도 그런 도구를 가까이 두고 사용하며, 생활습관이나 사고방식도 그와 유사한 형태를 보입니다. 그래서 자연스럽게 유유상종이라는 말이 생겨났다고 할 수 있습니다.

2) 그렇다면 인간은 왜 이름에 영향을 받을 수밖에 없는지 살펴보겠습니다. 인간이 스스로 인식하고 부르는 이름에는 대자연의 기운(에너지)이 들어있습니다. 인간은 자신을 나타내는 가장 확실한 수단이 이름밖에 없다고 할 정도로 자신의 이름은 곧 그 자신이 되는 것입니다. 인간의 세포 하나하나는 반복되는 이름에 따라 반응하고 그것을 그대로 기억하고 인식하는 과정을 거쳐 세포에 저장되게 됩니다.

그런데 정말 놀라운 사실은 이 이름의 기운과 뜻을 가장 잘 파악하여 알 수 있는 세계 유일의 글자가 바로 한글이라는 사실입니다. 그것은 한글의 자모가 대자연의 글자요 인간 중심의 글자이기 때문일 것입니다. 그래서 한글을 제대로 알고 이해하면 이러한 기운과 뜻을 쉽게 알 수 있게 되는 것입니다.

우리는 지금까지 자신의 사고방식, 행동, 취향 등 자신의 성격이 왜 그런지 정확히 모르고 살아왔습니다. 그나마 이를 진단하는 방법으로, 동양에서는 명리학으로, 서양에서는 자신이 태어난 별자리 등으로 진단하고 있습니다. 그러나 그것들보다 자신의 성격을 비교적 정확히 알 수 있는 수단이 바로 한글로 진단하는 것입니다. 한글 자모의 뜻을 제대로 알고 자신의 이름에 담긴 뜻만 제대로 이해 한다면 자신의 성격이 왜 그런지 비교적 정확히 알 수 있는 것입니다.

인간은 일생을 어떻게 살 것인가를 선택하려면 한글의 뜻에 따라 이름을 선택하면 될 것입니다. 그리고 자신의 잘못된 성격을 바꾸고 싶다면 이 역시 그에 맞는 다른 이름을 선택하면 될 것입니다. 만약 새로운 이름을 선택하였다면 사람에 따라 다소 차이가 있겠지만, 수년간 시간이 지나면 새로운 이름의 기운대로 성격이 차츰 바뀌게 됩니다. 결국, 상당 기간은 이전 이름의 기운과 새로운 이름의 기운이 교차하여 나타나게 되는 것입니다.

3) 결론적으로, 인간은 자기 자신의 이름의 기운과 일생을 함께 할 수밖에 없으므로 이름의 영향권에서 벗어날 수 없습니다. 이를 심하게 표현하면, 인간은 자신의 이름에 지배를 당한다고도 할 수 있을 정도입니다.

이에 대한 비유로 인간을 악기에 비유해 보겠습니다. 인간 자신이 태어난 연월일시와 선천적·후천적 신체조건 등은 악기의 하드웨어인 육체 그 자체라고 할 수 있고, 이름은 악기의 소프트웨어인 소리라고 할 수 있습니다. 바로 이 악기의 소리가 이름인 것입니다. 피리는 피리 소리를, 가야금은 가야금 소리를, 피아노는 피아노 소리를, 바이올린은 바이올린 소리를 각각 그 악기에 맞게 소리를 내는 것과 같다고 비유할 수 있습니다.

4) 그런데 우리나라를 비롯한 세계의 많은 나라 사람들은 같은 이름을 사용하는 사람들이 아주 많습니다. 그 많은 사람들은 각자의 생활방식에 따라 세상을 살아갑니다. 사람마다 교육의 형태(교육은 인간을 선인으로 만들기도 하고 악인으로 만들기도 합니다)나 경험 등 생활방식이 다르고 만나는 사람도 모두 다릅니다.

그래서 사람들은 수많은 요인들로 인해 비록 같은 이름을 사용하는 사람이라고 하더라도, 사람마다 나타나는 성향이나 성격이 이름의 큰 범주에서는 차이가 없으나, 세세한 부분은 조금씩 차이를 보일 수 있습니다.

5) 앞으로 살펴볼 내용은 이름에 나타나는 모음의 특징, 이름에 나타나는 자음의 특징, 자모가 결합된 이름의 특징 등에 대해 차례대로 살펴보도록 하겠습니다.

# 이름에 나타나는 모음의 특징

'ㅏ', 'ㅑ'의 특징
'ㅗ', 'ㅛ'의 특징
'ㅓ', 'ㅕ'의 특징
'ㅜ', 'ㅠ'의 특징
'ㅡ', 'ㅣ'의 특징

**표정**
근심걱정이 없는 사람처럼 표정이 대체로 밝습니다.

**행동**
나서기를 좋아하고 진중하지 못한 편입니다. 행동이 급하고, 힘들고 고통스러운 것을 참는 인내심이 부족한 편입니다.

**대화**
자기표현을 잘하고 임기응변에 강한 편입니다. 질문이 많고 말이 많은 편입니다.

**생각 (아이디어)**
생각이나 아이디어가 많고 지나치게 허황하거나 낙관적인 사고를 하는 편입니다.

**식습관**
같은 체격의 사람들에 비해 식사시간이 대체로 빠른 편입니다.

**일처리**

일을 시작하면 천천히 하는 것보다
대충이라도 빨리 처리하려고 하는 편입니다.

**운동**

지구력을 요하는 종목보다 스피드를 요하는
종목을 선호하는 편입니다.

**경제관념**

자신이 원하는 것을 우선시하고, 기분에
좌우되는 등 전반적으로 경제관념이 떨어지는
편입니다.

**속마음**

속마음을 잘 드러내고 비밀스런 것도 쉽게
말하는 편입니다. 상대방에게 상처가 되는
말도 쉽게 하는 편입니다.

**날씨반응**

맑고 화창한 날씨를 좋아하고 비가 오거나
궂은 날씨는 싫어하는 편입니다.

**음악**

음악은 서정적이거나 선율이 느린 곡보다는
경쾌하고 빠르고 신나는 곡을 좋아하는
편입니다.

**사회생활**

한 가지 일이나 직업에 오래 지속하지 못하고
변화를 좋아하는 편입니다.

1) 한글의 모음 'ㅏ'와 'ㅑ'는 「그 기운(에너지)이 앞으로 향하다」는 것이 핵심입니다. 이러한 한글 'ㅏ'와 'ㅑ'의 뜻이 이름에 'ㅏ'와 'ㅑ'를 쓰는 사람들에게도 그 뜻이 그대로 나타납니다. 이것이 바로 한글의 위대함입니다. 그러면 지금부터 이름에 'ㅏ'와 'ㅑ'를 쓰는 사람들의 표정에서부터 경제관념에 이르기까지 생활전반에 나타나는 특징들을 살펴보도록 하겠습니다.

2) 먼저, 이들의 표정부터 살펴보겠습니다. 이들은 자신의 희로애락(喜怒哀樂)을 비교적 쉽게 표현하는 등 스트레스가 될 만한 것들을 바로 풀어버리는 경향이 강하기 때문에 신분고하나 남녀노소를 불문하고 표정이 대체로 밝고 맑은 편입니다. 그리고 평소 웃는 모습도 밝고 환하게 웃기 때문에 웃음 그 자체가 자연스럽게 보이는 편입니다.

우리 주변을 살펴보면 이런 사람들을 쉽게 찾아볼 수 있으며, 처음 만나는 사람도 얼굴이 밝으면 그 사람의 이름 첫 글자에는 양성의 모음 'ㅏ', 'ㅑ', 'ㅗ', 'ㅛ'가 꼭 들어있습니다. 유명인들 중에 대표적으로 '송강호', '강호동', '박태환', '이대호', '이용대', '이상화', '박재상(싸이)' 등이 있습니다.

그러나 40대 이후에도 찡그린 표정이나 화난 얼굴을 계속하게 되면 표정이 많이 바뀌게 될 수 있습니다.

3) 둘째로, 이들의 행동은 한자리에 오래 앉아 있기 싫어하고, 한자리에 오래 앉아 있다고 하더라도 한 가지 일이나 놀이 등에 집중하기보다 이것저것 여러 가지에 관심을 가지는 편입니다.

이들의 행동은 덤벙대거나 빨리빨리 하는 식의 급한 행동을 보이고 의욕이 앞서는 경우가 많습니다. 그래서 그 행동이 너무 적극적이고 도전적이어서 때로는 공격적으로 나타나기도 합니다.

또한, 남들에게 자신을 드러내고 싶은 마음이 앞서 앞에 나서기 좋아하는 편입니다. 그리고 힘들고 고통스러운 것을 참는 인내심이 부족한 편이기도 합니다. 그래서 차분하다거나 진중하다는 소리를 듣지 못하고, 성격이 급하다는 소리를 많이 듣는 편입니다.

이들의 행동을 통제해 주거나 조언해 주는 사람이 적극적으로 도와주고 이것을 본인이 잘 따른다면 이들의 잠재된 장점은 무한히 발휘될 수 있습니다.

4) 셋째로, 이들의 대화는 자신의 생각이나 의사를 비교적 잘 표현하는 편입니다. 그리고 그 표현은 다소 직설적인 표현이 대부분이고, 말이 많고 빠른 편입니다. 이들은 상대방과 대화를 하다보면 생각이 한곳에 머무르지 않기 때문에 상대방에게 질문을 많이 하는 편입니다.

만약, 상대방과 대화에서 수세에 몰리더라도 임기응변과 재치로 돌파하는 경우가 많습니다. 그리고 모르는 사람과 같은 공간에 있거나 말을 걸어야 한다면 먼저 말을 거는 쪽이 이들이기도 합니다.

이들은 대체로 말을 재미있게 풀어가는 능력을 소지하고 있기 때문에 토론자나 진행자로 나설 경우 이를 경청하는 사람들이 재미있게 경청하는 경우가 많습니다. 그리고 자신의 능력을 잘 개발하고 훈련한다면 훌륭한 연설자나 선동가가 될 수 있습니다.

유명인들 중에는 '배삼룡', '송해', '이상용', '버락 오바마', '아돌프 히틀러' 등이 있습니다.

5) 넷째로, 이들은 생각이나 아이디어가 많으며, 엉뚱한 생각을 하기도 합니다. 그리고 지나치게 허황한 상상을 하거나 낙관

적인 사고를 하는 경우도 많습니다. 그래서 생각이나 아이디어가 현실성이 떨어진다거나 구체성이 약하다는 소리를 많이 듣는 편입니다.

그러나 이들의 엉뚱하고 기발한 상상이 있었기에 세상은 발전했다고도 할 수 있습니다. 수많은 생각이나 아이디어 속에는 세상의 발전에 꼭 필요한 보석이 반드시 숨어 있을 수 있습니다.

6) 다섯째로, 이들의 식습관은 같은 체격의 사람들에 비해 식사시간이 대체로 빠른 편입니다. 이들은 어려운 자리가 아닌 편안한 자리라면 식사시간에 식사만 조용히 하지 않고 말을 많이 하기도 합니다.

7) 여섯째로, 이들의 일처리는 일을 시작하면 천천히 차근차근하게 하는 것보다 대충이라도 빨리 끝내려고 하는 편입니다. 이들은 천천히 하는 것을 싫어하고 답답하게 느끼기 때문에 다른 사람이 일을 천천히 하고 있으면 자신이 나서서라도 빨리 끝내려고 합니다. 이로 인해 일을 많이 하는 경우도 있습니다.

이들이 아랫사람에게 일을 시키거나 지시한 경우 지긋이 기다리지 못하고 재촉하거나 독촉하는 경우가 많습니다.

8) 일곱째로, 이들의 운동스타일은 마라톤, 축구, 권투, 철인경기 등 지구력을 요하는 종목보다는 육상, 수영, 단거리 종목 등 스피드를 요하는 종목을 선호하는 편입니다.

대표적인 선수로는 '박태환', '이용대', '이상화', '양학선', '칼 루이스', '우사인 볼트' 등이 있습니다.

9) 여덟째로, 이들의 경제관념은 대체로 희박하거나 절약정신이 부족하다고 할 수 있습니다. 그 이유는 자신이 갖고 싶은 것을 우선시하거나 기분에 좌우되기 때문에 저축을 하지 못하는 경우가 많습니다. 또한, 주변에서 누군가가 돈을 많이 벌었다는 소문을 듣게 되면 자신도 그것에 현혹되어 무모하거나 무리하게 투자를 하는 경우도 많은 편입니다.

이들은 귀가 얇다는 소리를 많이 듣고, 사기를 당하는 경우도 많습니다. 그래서 노후에 빈곤하게 사는 사람이 많은 편입니다. 이들은 자신의 재산을 배우자나 관리해주는 관리인에게 맡기는 것이 좋습니다.

10) 아홉째로, 이들은 속마음을 숨기지 못하여 누군가가 그 사실을 물어보면 발설해 버리는 편입니다. 심지어 자신만이 알고 있는 것도 다른 사람에게 말하고 싶은 마음에서 말하는 경우가 많습니다. 그리고 마음의 수양 정도에 따라 다소 차이가 있겠지만 상대에게 자신의 생각을 가감 없이 그대로 말해버리기 때문에 상대의 마음을 아프게도 합니다.

이들은 대체로 자신의 비밀은 물론 타인의 비밀을 지켜주지 못하는 경우가 많은 편입니다.

11) 열째로, 대부분의 사람들은 맑고 화창한 날씨를 좋아하지만, 특히 이들은 맑고 화창한 날씨를 좋아하고 비가 오거나 궂은 날씨는 짜증이 나거나 스트레스가 쌓일 정도로 좋아하지 않는 편입니다.

12) 열한째로, 이들의 음악취향은 서정적이거나 선율이 느린 곡은 선호하지 않는 반면, 경쾌하고 빠르고 신나는 곡을 좋아하는 편입니다. 대중가수나 작곡가들의 음악 선호도를 살펴보면 쉽게 알 수 있습니다.

대표적으로는 '김남진(남진)', '송대관', '송창식', '김창완', '박재상(싸이)' 등이 있습니다.


13) 열두째로, 이들의 사회생활은 한 가지 일이나 직업을 오래 지속하지 못하는 편입니다. 설사, 이들이 공무원이나 회사원이라서 이직이 쉽지 않다고 하더라도 한 부서에서 오래 근무하는 것보다 다른 부서로 부서 이동을 해서라도 새로운 변화를 좋아하는 편입니다.

1) 한글의 모음 ‘ㅗ’와 ‘ㅛ’는 「그 기운(에너지)이 위로 향하다」는 것이 핵심입니다. 이러한 한글 ‘ㅗ’와 ‘ㅛ’의 뜻이 이름에 ‘ㅗ’와 ‘ㅛ’를 쓰는 사람들에게도 마찬가지로 그 뜻이 나타납니다.

2) 모음 ‘ㅗ’와 ‘ㅛ’는 모음 ‘ㅏ’와 ‘ㅑ’에 비해 그 정도나 강도가 약 30 ~ 40% 정도 강한 특징이 있습니다. 따라서 이름에 모음 ‘ㅗ’와 ‘ㅛ’를 쓰는 사람들의 표정에서부터 경제관념에 이르기까지 생활전반에 나타나는 각 특징에 대해서는 앞의 “모음 ‘ㅏ’, ‘ㅑ’의 특징”에서 그 정도나 강도를 약 30 ~ 40% 정도를 더해서 살펴보시면 될 것입니다.

# 03 ' ㅓ ', ' ㅕ '의 특징

**표정**
표정은 생각에 몰두하고 있는 사람처럼
대체로 무표정하거나 어두운 편입니다.

**행동**
나서기 싫어하고 매사에 진중한 편입니다.
행동은 차분하며, 힘들고 고통스러워도 참는
인내심이 강한 편입니다.

**대화**
자기표현이 서툴고 임기응변에 약한
편입니다. 질문을 가급적 자제하고 과묵한
편입니다.

**생각 (아이디어)**
생각이나 아이디어를 현실적이고 구체적으로
계획을 수립하며 한 가지 생각에 몰두하는
편입니다.

**식습관**
같은 체격의 사람들에 비해 식사시간이
대체로 느린 편입니다.

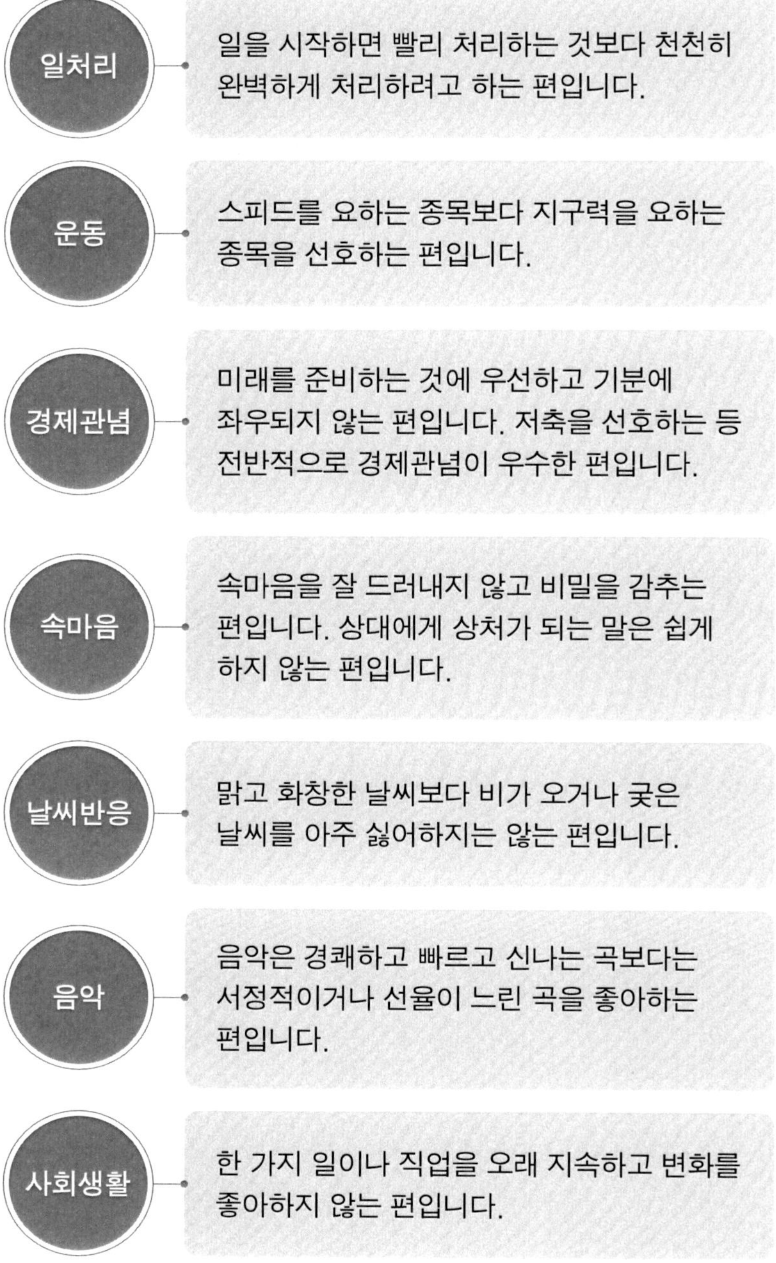

일처리
일을 시작하면 빨리 처리하는 것보다 천천히 완벽하게 처리하려고 하는 편입니다.
운동
스피드를 요하는 종목보다 지구력을 요하는 종목을 선호하는 편입니다.
경제관념
미래를 준비하는 것에 우선하고 기분에 좌우되지 않는 편입니다. 저축을 선호하는 등 전반적으로 경제관념이 우수한 편입니다.
속마음
속마음을 잘 드러내지 않고 비밀을 감추는 편입니다. 상대에게 상처가 되는 말은 쉽게 하지 않는 편입니다.
날씨반응
맑고 화창한 날씨보다 비가 오거나 궂은 날씨를 아주 싫어하지는 않는 편입니다.
음악
음악은 경쾌하고 빠르고 신나는 곡보다는 서정적이거나 선율이 느린 곡을 좋아하는 편입니다.
사회생활
한 가지 일이나 직업을 오래 지속하고 변화를 좋아하지 않는 편입니다.

1) 한글의 모음 ‘ㅓ’와 ‘ㅕ’는 「그 기운(에너지)이 뒤로 향하다」는 것이 가장 핵심입니다. 이러한 한글의 ‘ㅓ’와 ‘ㅕ’의 뜻이 이름에 ‘ㅓ’와 ‘ㅕ’를 쓰는 사람들에게도 그 뜻이 그대로 나타납니다. 그러면 지금부터 이름에 모음 ‘ㅏ’와 ‘ㅑ’를 쓰는 사람들의 표정에서부터 경제관념에 이르기까지 생활전반에 나타나는 특징들을 살펴보도록 하겠습니다.

2) 먼저, 이들의 표정은 자신의 희로애락(喜怒哀樂)을 비교적 쉽게 표현하지 못하는 편입니다. 그래서 스트레스들 풀지 않고 가슴 속에 간직하는 경우가 많아 신분고하나 남녀노소를 불문하고 표정이 대체로 무표정하거나 어두운 편입니다. 그리고 연기를 하는 전문 연기자 이외에는 평소 웃는 모습이 억지에 가깝게 웃기 때문에 웃음 그 자체가 부자연스럽게 보입니다.

우리 주변을 살펴보면 이런 사람들을 쉽게 찾아볼 수 있으며, 처음 만나는 사람도 얼굴이 무표정하거나 어둡다면 그 사람의 이름 첫 글자에는 음성인 모음 ‘ㅓ’, ‘ㅕ’, ‘ㅜ’, ‘ㅠ’가 꼭 들어있을 수 있습니다.

유명인들 중에 대표적으로 ‘이건희 회장’, 고 정주영 회장’, ‘고 이

병철 회장', '류현진 선수' 등이 있습니다.

3) 둘째로, 이들의 행동은 한자리에 오래 앉아 있기 좋아하고, 한 가지 일에만 집중하는 편입니다. 그래서 차분하고 신중하여 빨리 보다는 비교적 천천히 행동하는 경우가 많습니다.

또한, 남들에게 자신을 드러내고 싶은 마음이 서툴러서 앞에 나서기 꺼려하는 편입니다. 그러나 다른 사람들에게 약하게 보이지 않으려고 무게를 잡기도 합니다. 그리고 자신의 우월감이나 존재감을 돋보이게 하고자 권위적인 행동을 하기도 하고 힘들고 고통스러운 것에도 비교적 잘 참는 편입니다. 그래서 차분하다거나 진중하다는 소리를 많이 듣고, 성격이 과묵하다는 소리도 많이 듣는 편이지만 무모한 도전을 시도하는 것조차 꺼려하기도 합니다.

이들에게는 동기부여만 해주면 스스로 알아서 행동하는 편입니다.

4) 셋째로, 이들의 대화는 자신의 생각이나 의사를 비교적 잘 표현하지 못하는 편입니다. 이들의 표현은 직설적인 표현을 삼가고 말이 적고 느린 편입니다.

이들은 상대방과 대화를 하다보면 그 대화에 집중하거나 자신의
생각에 머무르기 때문에 상대방에게 질문을 많이 하지 않는 편입
니다.

만약, 상대방과 대화에서 수세에 몰리면 당황하는 경우가 많습
니다. 그리고 모르는 사람과 같은 공간에 있으면 기본적인 몇 마디
이외에는 말을 잘 하지 않는 편입니다.

이들은 대체로 말을 재미있게 풀어가는 능력이 부족하기 때문에
토론자나 진행자로 나설 경우 이를 경청하는 사람들이 따분해하
는 경우가 많습니다.

5) 넷째로, 이들의 생각이나 아이디어는 'ㅏ', 'ㅑ', 'ㅗ', 'ㅛ'를 사
용하는 사람들에 비해 많지 않으며, 관심 있는 사항에만 집중하는
편입니다. 그리고 과거를 재조명하거나 현실에 치중하고, 미래에 대
해서는 비교적 신중하게 접근하는 편입니다. 그래서 이들은 생각
이나 아이디어가 현실적이고 구체적일 가능성이 높은 편입니다.

이들은 돌다리도 두들겨 본다는 식이어서 매우 신중하며 실패
의 확률을 줄이는데 몰두하는 편입니다.

6) 다섯째로, 이들의 식습관은 같은 체격의 사람들에 비해 식사 시간이 대체로 느립니다. 이들은 어려운 자리든 편안한 자리든 식 사시간에 식사만 조용히 하는 것을 좋아하고 말이 적은 편입니다.

7) 여섯째로, 이들의 일처리는 일을 시작하면 빨리하는 것보다 천천히 차근차근하게 하는 편입니다. 그리고 이들은 여럿이 모여서 하는 것보다 혼자서 일하는 것을 즐기기도 합니다. 이들은 일을 빨리 처리하는 것에 익숙하지 않는 경우가 많아서 주위 사람들이 답답해하는 경우가 많은 편입니다.

이들이 아랫사람에게 일을 시키거나 지시한 경우, 자신이 궁금하더라도 지긋이 기다려주는 경우가 많은 편입니다.

8) 일곱째로, 이들의 운동스타일은 육상, 수영, 단거리 종목 등 스피드를 요하는 종목보다는 마라톤, 축구, 권투, 철인경기 등 지구력을 요하는 종목을 선호하는 편입니다.

대표적인 선수로는 '손기정', '황영조', '차범근', '박지성', '펠레', '리오넬 메시' 등이 있습니다.

9) 여덟째로, 이들의 경제관념은 대체로 철저하거나 절약정신이 뛰어나다고 할 수 있습니다. 이들은 미래를 대비하는 것에 우선하고 기분에 좌우되지 않기 때문에 저축을 먼저 생각하고 실천하는 편입니다. 그리고 주변에서 누군가가 돈을 많이 벌었다는 소문을 듣더라도 그것에 현혹되기보다 먼저 확인과정을 거치는 편입니다. 그래서 이들은 사기를 당하는 경우가 적은 편입니다.

이들은 너무 신중하여 좋은 기회를 놓치는 경우도 종종 있습니다. 그러나 재산을 노후에까지 지키는 사람이 많은 편입니다.

10) 아홉째로, 이들은 속마음을 잘 드러내지 않으며, 누군가가 그 사실을 물어보더라도 좀처럼 말하지 않는 편입니다. 그리고 자신만이 알고 있는 것은 다른 사람에게 말하지 않아서 어떤 일이 벌어지고 있는지 모르는 경우가 많습니다. 또한 상대방에게 자신의 생각을 잘 말하지 않아서 상대방의 마음을 아프게 하는 경우는 적지만, 경우에 따라 상대방은 이들이 어떤 생각을 하고 있는지 몰라서 답답해 할 때가 많은 편입니다.

이들은 대체로 자신의 비밀이나 타인의 비밀을 잘 지키는 편입니다.

11) 열째로, 이들은 날씨 변화에 민감하지 않는 편이고 비가 오거나 궂은 날씨에 대해서도 싫어하지 않는 편입니다. 심지어 비가 오는 날씨를 좋아하기도 합니다.

12) 열한째로, 이들의 음악취향은 경쾌하고 빠르며 신나는 곡보다는 서정적이거나 선율이 느린 곡을 좋아하는 편입니다. 대중가수나 작곡가들의 음악 선호도를 살펴보면 쉽게 알 수 있습니다.

대표적으로는 '윤심덕(사의찬미)', '이선희', '박정현', '김범수', '윤민수' 등이 있습니다.

13) 열두째로, 이들의 사회생활은 한 가지 일이나 직업에 오래 지속하는 편입니다. 이들이 공무원이나 회사원이라면 한 부서에서 오래 근무하는 것을 좋아하고 새로운 부서나 새로운 환경과 변화를 좋아하지 않는 편입니다.

1) 한글의 모음 ‘ㅜ’와 ‘ㅠ’는 「그 기운(에너지)이 아래로 향하다」는 것이 핵심입니다. 이러한 한글의 ‘ㅜ’와 ‘ㅠ’의 뜻이 이름에 ‘ㅜ’와 ‘ㅠ’를 쓰는 사람들에게도 마찬가지로 그 뜻이 나타납니다.

2) 모음 ‘ㅜ’와 ‘ㅠ’는 모음 ‘ㅓ’와 ‘ㅕ’에 비해 그 정도나 강도가 약 30 ~ 40% 정도 강합니다. 따라서 이름에 모음 ‘ㅜ’와 ‘ㅠ’를 쓰는 사람들의 표정에서부터 경제관념에 이르기까지 생활전반에 나타나는 각 특징에 대해서는 앞의 “모음 ‘ㅓ’, ‘ㅕ’의 특징”에서 그 정도나 강도를 약 30 ~ 40% 정도를 더해서 살펴보시면 될 것입니다.

# 05 '—', 'ㅣ'의 특징

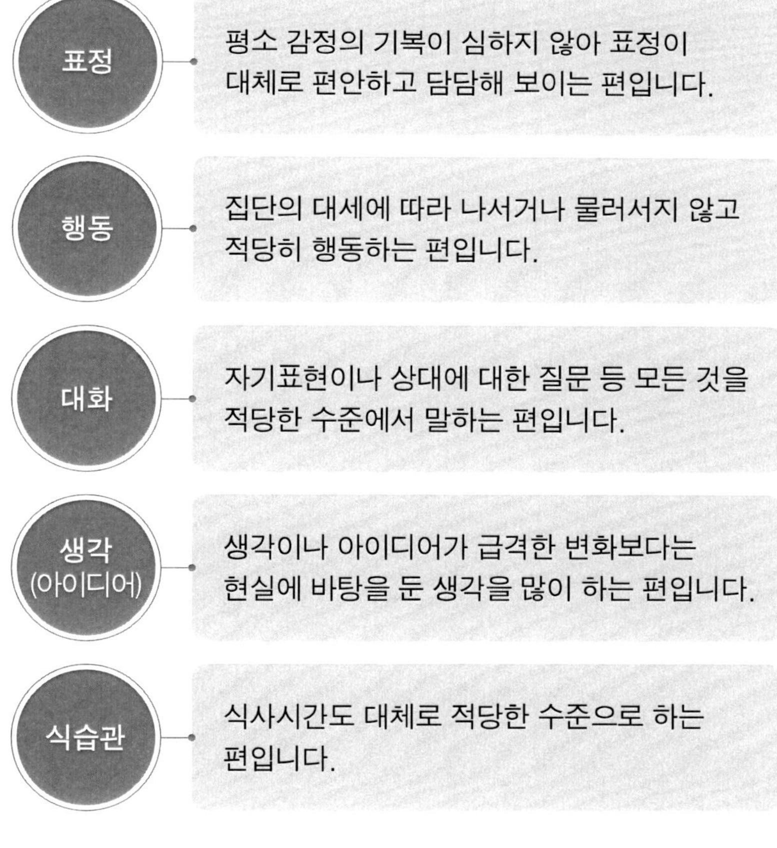

표정
평소 감정의 기복이 심하지 않아 표정이
대체로 편안하고 담담해 보이는 편입니다.

행동
집단의 대세에 따라 나서거나 물러서지 않고
적당히 행동하는 편입니다.

대화
자기표현이나 상대에 대한 질문 등 모든 것을
적당한 수준에서 말하는 편입니다.

생각
(아이디어)
생각이나 아이디어가 급격한 변화보다는
현실에 바탕을 둔 생각을 많이 하는 편입니다.

식습관
식사시간도 대체로 적당한 수준으로 하는
편입니다.

**일처리**
일하는 속도나 양이 평균 수준으로 하려고 하는 편입니다.

**운동**
장거리 종목이나 단거리 종목보다는 중거리 종목을 선호하는 편입니다.

**경제관념**
지나치게 절약을 하거나 과소비를 한다기보다는 자신의 경제력에 맞게 경제를 운영하는 편입니다.

**속마음**
속마음은 집단의 평균치 수준이나 자신의 이미지에 흠이 되지 않는 수준으로 표현합니다.

**날씨반응**
너무 맑고 화창한 날씨나 너무 궂은 날씨는 좋아하지 않는 편입니다.

**음악**
너두 빠르거나 너무 느린 곡은 좋아하지 않고 중간정도의 곡을 선호하는 편입니다.

**사회생활**
한 가지 일이나 직업에 적당한 수준으로 지속하고, 변화도 적당한 수준을 선호하는 편입니다.

1) 한글의 모음 '一'와 ' ㅣ '는 「그 기운(에너지)이 상하나 좌우로 변화가 거의 없이 그 중심에 머물다」는 것이 핵심입니다. 이러한 한글의 '一'와 ' ㅣ '의 뜻이 이름에 '一'와 ' ㅣ '를 쓰는 사람들에게도 마찬가지로 그 뜻이 나타납니다.


2) 이름에 '一'와 ' ㅣ '를 쓰는 사람들은 ' ㅏ ', ' ㅑ ', ' ㅓ ', ' ㅕ ', ' ㅗ ', ' ㅛ ', ' ㅜ ', ' ㅠ ' 등을 사용하는 사람들에 비해 감정의 변화가 거의 없기 때문에 이러한 감정변화를 잘 이해 못할 수도 있습니다. 그래서 이들의 얼굴표정에서부터 경제관념에 이르기까지 생활전반에 나타나는 특징은 ' ㅏ '와 ' ㅓ '의 중간치, ' ㅗ '와 ' ㅜ '의 중간치 정도를 보이는 편입니다.


3) 그러므로 ' ㅏ ', ' ㅑ ', ' ㅓ ', ' ㅕ ', ' ㅗ ', ' ㅛ ', ' ㅜ ', ' ㅠ ' 등을 사용하는 사람들의 입장에서는 모음 '一'와 ' ㅣ '를 쓰는 사람들에 대하여 감정이 메말랐다거나 무미건조하다거나 회색분자인 것 같다는 등의 생각을 할 수도 있습니다.

# 이름에 나타나는
# 자음의 특징

ㄱ, ㅋ, ㄲ의 특징

ㄴ, ㄷ, ㄹ, ㅌ, ㄸ의 특징

ㅁ, ㅂ, ㅍ, ㅃ의 특징

ㅅ, ㅈ, ㅊ, ㅆ, ㅉ의 특징

ㅇ, ㅎ의 특징

# 01 ㄱ, ㅋ, ㄲ의 특징

**생각/관심**

경저 , 기초과학, 사회과학 등 기초분야에 관심이 많고, 어느 한 곳에 꽂히면 깊이 빠져들며, 대체로 자기중심적/서정적/감정적인 편입니다.

**대화**

상대방과의 대화에서 자신이 이해될 때까지 질문을 하고 집착이 강하며 자기합리화를 하는 편입니다.

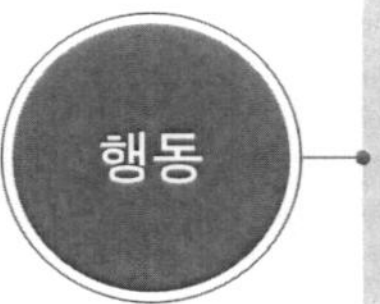

**행동**

말에 비해 행동이 미치지 못하는 경우가 많고, 원칙에 충실하려고 노력하는 편입니다. 남을 지나치게 의식하거나 긴장하기도 합니다.

**일처리**

일을 하면서도 생각이 많고 꼼꼼하게 하려다가 정해진 시간을 넘기는 경우가 많은 편입니다.

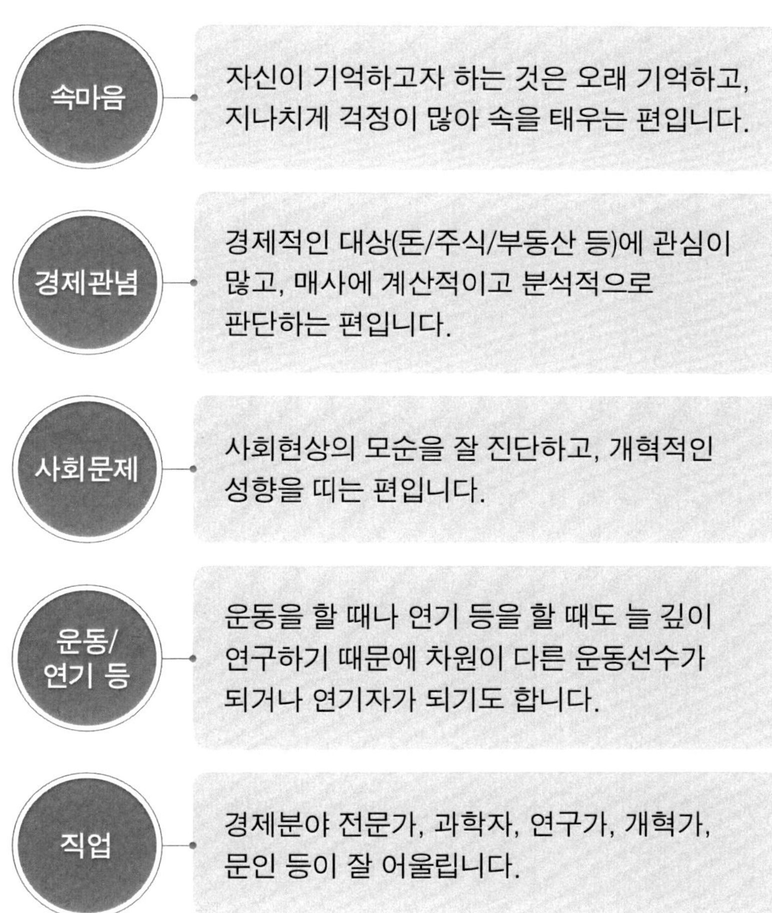

속마음
자신이 기억하고자 하는 것은 오래 기억하고, 지나치게 걱정이 많아 속을 태우는 편입니다.

경제관념
경제적인 대상(돈/주식/부동산 등)에 관심이 많고, 매사에 계산적이고 분석적으로 판단하는 편입니다.

사회문제
사회현상의 모순을 잘 진단하고, 개혁적인 성향을 띠는 편입니다.

운동/
연기 등
운동을 할 때나 연기 등을 할 때도 늘 깊이 연구하기 때문에 차원이 다른 운동선수가 되거나 연기자가 되기도 합니다.

직업
경제분야 전문가, 과학자, 연구가, 개혁가, 문인 등이 잘 어울립니다.

1) 한글의 자음 'ㄱ', 'ㅋ', 'ㄲ'은 혀뿌리를 본떠서 만든 글자이고, 소리의 시작 지점에 해당하는 글자입니다. 따라서 이 자음은 「그 기운(에너지)이 깊은 곳에서 시작하다」는 것이 핵심입니다. 그 정도 와 강도는 "ㄱ 〈 ㅋ 〈 ㄲ"의 순입니다.

이러한 한글 'ㄱ', 'ㅋ', 'ㄲ'의 뜻이 이름에 이 자음을 쓰는 사람 들에게도 그 특징이 그대로 나타난다는 것이 바로 한글이 위대한 글자라는 사실입니다. 그러면 지금부터 이름에 이 자음을 쓰는 사 람들의 관심에서부터 직업에 이르기까지 전반에 나타나는 특징을 살펴보도록 하겠습니다.

2) 첫째로, 이들의 생각이나 관심은 경제, 기초과학, 사회과학 등 기초분야에 특히 관심이 많습니다. 그리고 어느 한 곳에 생각이나 마음이 꽂히면 깊이 빠져드는 경향이 있습니다. 특히, 이들은 인간 의 가장 근원적인 욕구인 먹고 자고 누는 것 등에 생각이나 관심 이 많고, 대체로 원칙주의, 자기중심주의를 추구하면서 서정적, 감 정적인 편입니다.

이들의 삶은 사소한 일상의 일에 관심을 두어 주변 사람들과 갈등을 초래하기브다 차원 높은 보편적인 경제, 기초과학, 사회과학 등에 관심을 두고 연구해나가는 것이 훨씬 가치 있는 삶이 될 것입니다.

이들의 이러한 생각과 관심 때문에 인류가 해결해야 할 기초적인 과제들에 집중하여 세계적인 성과나 결과를 낸 세계적인 학자나 유명인들이 많습니다. 그 대표적인 인물로는 '허균', '갈릴레이 갈릴레오', '니콜라스 코페르니쿠스', '칼 맑스', '칼 폴라니', '칼 포프', '칼 구스타프 융' 등 수많은 사람들이 있습니다.

3) 둘째로, 이들은 상대와 대화에서 자신이 이해될 때까지 질문을 많이 하기 때문에 상대가 싫어할 수도 있고, 자신이 이해되지 않으면 대화에 흥미를 가지지 않기도 합니다. 그래서 자신의 생각을 상대가 이해될 때까지 설명하다 보니 대화시간이 길어질 수도 있고, 대화의 많은 부분을 자기주장이나 자기 합리화에 치중하는 편이기도 합니다.

4) 셋째로, 이들은 생각이 많기 때문에 말이 많을 수 있고, 자신의 말에 비해 행동이 따라주지 못하는 경우가 많습니다. 그리고 이들은 남을 지나치게 의식하기도 하고, 도덕적인 규범에 충실하려고 노력하는 편이기도 합니다. 또한, 이들은 시간에 쫓기는 일이

있거나 자신을 의식하는 사람이 많으면 지나치게 긴장하여 실수하는 경우도 많습니다.

5) 넷째로, 이들은 일을 하면서도 그 일에 대해 효율성이나 개선 사항 등을 끊임없이 생각하는 편입니다. 그 결과로 그 일을 개선시키거나 혁신시키기도 하고, 세계적인 업적을 남기기도 합니다. 그리고 어떤 사항에 대한 계획서나 보고서 같은 것을 작성해야 할 경우, 많은 생각으로 꼼꼼하게 하려다 정해진 시간을 넘기는 경우가 많고, 이로 인해 막상 정해진 시간에 계획서를 제출해야 할 경우에는 대략적인 내용에 그치는 경우도 많습니다.

6) 다섯째로, 이들의 속마음은 자신이 좋았다거나 나빠서 기억을 해야겠다는 마음을 먹으면 세월이 오래 지나더라도 대체로 그 사실을 어떤 식으로든 기억하는 경우가 많은 편입니다. 그리고 대체로 미래에 일어나지도 않을 일을 미리 상상하여 걱정하고 속을 태우는 경우가 많고, 특히 초성의 'ㄱ'에 비해 종성에 'ㄱ'을 사용하는 경우에 그 정도가 심하게 나타나는 경향이 있습니다. 심하면 불면증에 시달리는 경우도 종종 있습니다.

7) 여섯째로, 이들의 경제관념은 인간의 삶의 근간이 되는 돈, 주식, 부동산 등 경제적인 것에 특히 관심이 많습니다. 그래서 시대 상황에 따라 다르겠지만, 물질 만능의 요즘 세상에서는 가장 소중한 가치를 돈에 두는 경우가 많아 마치 돈의 노예가 된 사람처럼 보이는 사람들도 적지 않습니다. 그리고 모든 것을 계산적이고 분석적으로 접근하고 판단하는 경향이 있습니다.

8) 일곱째로, 이들은 사회문제에 대해 대체로 비판적이고 개혁적인 성향을 띠는 사람들이 많은 편입니다. 그 이유는 그 시대의 사회현상을 분석적으로 접근하기 때문에 구조적인 모순점을 쉽게 파악하고 진단하기 때문일 것입니다.

9) 여덟째로, 이들은 운동을 할 때도 자신의 체력과 운동과의 상관관계 등을 늘 깊이 생각하면서 운동하기 때문에 기술력을 향상시키거나 차원이 다른 운동선수가 되기도 합니다.

그리고 이들이 연기자나 배우가 되어 연기를 할 때도 연기에 대해 깊이 연구하면서 연기하기 때문에 차원 높은 연기자가 되기도 합니다. 이러한 사례는 우리 주위에서 얼마든지 찾아볼 수 있습니다.

10) 마지막으로, 이들은 경제, 기초과학, 사회과학 등 기초분야에 관심이 많고, 자신이 관심을 가지는 분야에는 누구보다 깊이 생각하고 연구하는 성격을 가지고 있습니다. 그래서 직업은 경제분야 전문가, 과학자, 연구가, 개혁가, 시인, 문인 등이 잘 어울립니다.

생각/관심

매우 다양하고 폭 넓은 분야까지 관심을 가지며, 그 생각도 매우 부드럽고 유연한 편입니다.

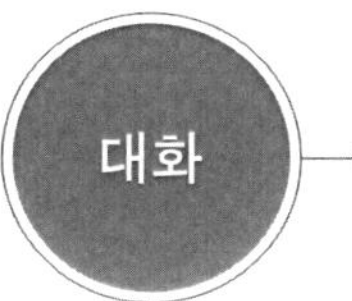

대화

사고가 부드럽고 유연하기 때문에 상대와 대화에서 상대방의 의견과 마찰을 빚는 일을 가급적 피하는 편입니다.

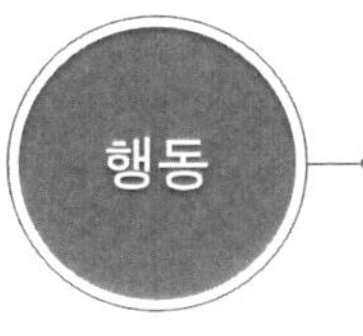

행동

거칠지 못하고 부드럽고 따듯한 편이고 폭언, 폭행, 상해, 살상 등을 좋아하지 않는 편입니다. 행동보다 말이 앞서고 책임감이 약간 부족한 것이 흠이 될 수 있습니다.

일처리

주변의 많은 사람들의 요구를 쉽게 거절하지 못해 주어진 일에만 집중하지 못하는 경우가 많고, 일처리가 비교적 느린 편입니다.

마음이 따듯하고 부드러우며 다른 사람들로부터 받은 마음의 상처로 마음이 불편하거나 불안할 수 있습니다.

다양한 분야에 관심이 많고, 자금운용을 철저히 하지 못하는 편이며, 타인의 요구를 쉽게 거절하지 못해 손해 보는 일이 많은 편입니다.



사회문제에 관심은 많으나 비교적 현실과 쉽게 타협하여 불만을 가지지 않으려는 경향이 있습니다.



운동종목은 부드럽고 유연한 종목을 선호하고, 연기를 할 때도 거칠거나 강하지 않고 부드럽게 연기를 하는 편입니다.



직업으로는 연설가, 해설자, 교사, 강사 등 말을 많이 하는 직업이 잘 어울립니다.

1) 한글의 자음 'ㄴ', 'ㄷ', 'ㄹ', 'ㅌ', 'ㄸ'은 혀끝이 치조(치근이 박혀 있는 상하 악골의 공간)에 붙는 모양을 본떠서 만든 글자이고 혀의 성질이 그대로 나타나는 글자입니다. 따라서 이 자음은 「그 기운(에너지)이 평평하게 넓게 퍼져 있고 부드럽다」는 것이 핵심입니다. 넓고 따듯함의 정도와 강도는 "ㄴ 〈 ㄷ 〈 ㄹ 〈 ㅌ 〈 ㄸ"의 순이나, 부드러움의 정도와 강도는 "ㄴ 〉 ㄷ 〉 ㄹ 〉 ㅌ 〉 ㄸ"의 순입니다.

이러한 자음 'ㄴ', 'ㄷ', 'ㄹ', 'ㅌ', 'ㄸ'의 뜻이 이름에 이 자음을 쓰는 사람들에게도 그 특징이 그대로 나타난다는 사실입니다. 그러면 지금부터 이름에 이 자음을 쓰는 사람들의 관심에서부터 직업에 이르기까지 전반에 나타나는 특징을 살펴보도록 하겠습니다.

2) 첫째로, 이들의 생각이나 관심은 모든 분야에 걸쳐 폭넓고 자유분방하게 가지는 편입니다. 생각이나 관심이 너무 다양하고 폭넓게 가지다 보니, 그 깊이가 깊지 않고, 너무 폭넓어 한 곳에 집중하지 못하는 경향이 있습니다. 이로 인해 단기적인 성과물은 다른 자음들에 비해 떨어질 수 있습니다. 그리고 대체로 평화주의, 박애주의, 이상주의를 추구하는 편입니다.

이들은 대체로 소소한 일상에서는 거친 사람들로부터 몸과 마음이 많이 다치는 것처럼 보이지만, 부드러움이 강함을 이긴다는 속담처럼 결국에는 세계적인 지도자로 성장하는 유명인들이 많은 편입니다.

그 대표적인 인물로는 '김대중', '에이브러햄 링컨', '넬슨 만델라', '룰라 다 실바' 등 수많은 사람들이 있고, 역대 노벨평화상 수상자들의 이름에 이들 자음이 많이 들어 있다는 것을 쉽게 찾아볼 수 있습니다.

3) 둘째로, 이들은 사고가 부드럽고 유연하기 때문에 상대방의 대화를 가급적 끝까지 들어 주고 의견을 잘 수용하는 편이어서 마찰을 빚는 일이 적은 편입니다. 그리고 어떤 사항에 대해 결정을 쉽게 내리지 못하는 등 우유부단한 면이 있습니다. 무엇보다 이들은 말이 많은 특징이 있습니다.

4) 셋째로, 이들은 성격적으로 남을 아프게 하는 등의 거친 행동은 잘하지 못하고 부드럽고 따듯하게 행동하는 편입니다. 그래서 이들은 폭언, 폭행, 상해, 살상 등을 좋아하지 않고, 심지어 음식물로 섭취하는 고기도 좋아하지 않거나 날것을 싫어하는 편이기도 합니다. 그러나 행동보다 말이 앞서는 편이고 책임감이 약간 부족

할 수 있습니다.

5) 넷째로, 이들의 일처리는 평소 한 가지 일에만 집중하지 못하고, 주변의 많은 사람들의 요구를 쉽게 거절하지 못하는 것으로 인해 자신에게 주어진 일이나 정해진 일에 집중하지 못해 대충 처리하는 경우가 많은 편입니다. 또한, 대체로 느긋해서 일처리가 비교적 느린 편이기도 합니다.

6) 다섯째로, 이들의 속마음은 마음이 따듯하고 부드럽고 여려서 다른 사람들과 정면으로 맞서거나 공격하지 못하는 편이기도 합니다. 그래서 타인으로부터 받은 마음의 상처로 스트레스에 시달리는 경우도 많습니다. 이들은 다른 자음을 쓰는 이들에 비해 마음이 따듯하여 쉽게 용서해주는 편입니다.

7) 여섯째로, 이들의 경제관념은 다양한 분야에 관심이 많으나 계산적이고 분석적으로 판단하기보다 대략적으로 판단해서 접근하는 경향이 많습니다. 그리고 이들은 타인이 돈을 빌려달라거나 투자를 권유하는 등의 요구가 있으면 그 요구를 쉽게 거절하지 못해 손해 보는 일이 많습니다.

때로는 대범하거나 허황하게 판단하고 접근하는 경우도 많습니다.

8) 일곱째로, 이들이 사회문제에 접근하는 방식은 사회문제에 많은 관심을 가지나 계산적이고 분석적으로 깊이 접근하기보다 비교적 현실과 쉽게 타협하거나 불만을 가지지 않고 순응하려고 노력하는 편입니다.

9) 여덟째로, 이들은 운동종목을 선택할 때도 부드럽고 유연한 종목을 선호하고, 설사 거친 종목을 선택하더라도 자신의 스타일로 부드럽고 유연하게 운동을 합니다.

그리고 이들이 연기자나 배우가 되어 연기를 할 때도 강하고 거칠게 연기를 하는 것보다 부드럽고 유연하게 연기를 하는 편입니다.

10) 마지막으로, 이들은 어떤 사안에 대한 문제접근 방식도 다양하고 폭넓게 접근하여 논리와 언변술이 뛰어나고 달변가의 요소를 가지고 있으므로 직업으로는 연설가, 해설자, 교사, 강사 등 말을 많이 하는 직업이 잘 어울립니다.

이들의 말은 대부분 부드럽고 따듯하여 듣는 사람들이 편안하고 따듯하게 들을 수 있는 장점이 있습니다.

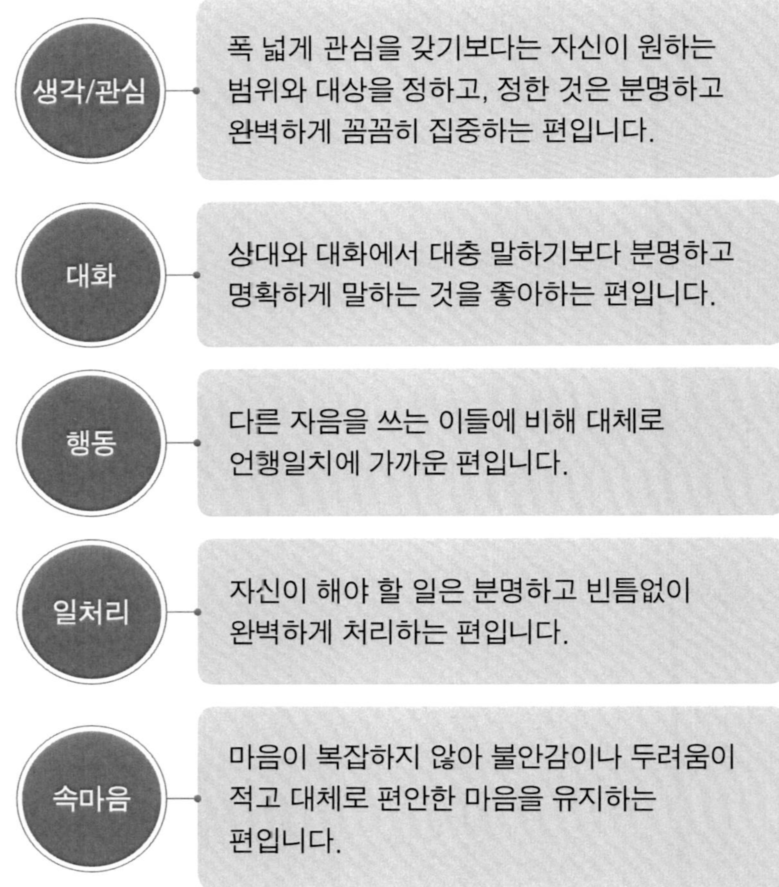
생각/관심
폭 넓게 관심을 갖기보다는 자신이 원하는 범위와 대상을 정하고, 정한 것은 분명하고 완벽하게 꼼꼼히 집중하는 편입니다.

대화
상대와 대화에서 대충 말하기보다 분명하고 명확하게 말하는 것을 좋아하는 편입니다.

행동
다른 자음을 쓰는 이들에 비해 대체로 언행일치에 가까운 편입니다.

일처리
자신이 해야 할 일은 분명하고 빈틈없이 완벽하게 처리하는 편입니다.

속마음
마음이 복잡하지 않아 불안감이나 두려움이 적고 대체로 편안한 마음을 유지하는 편입니다.

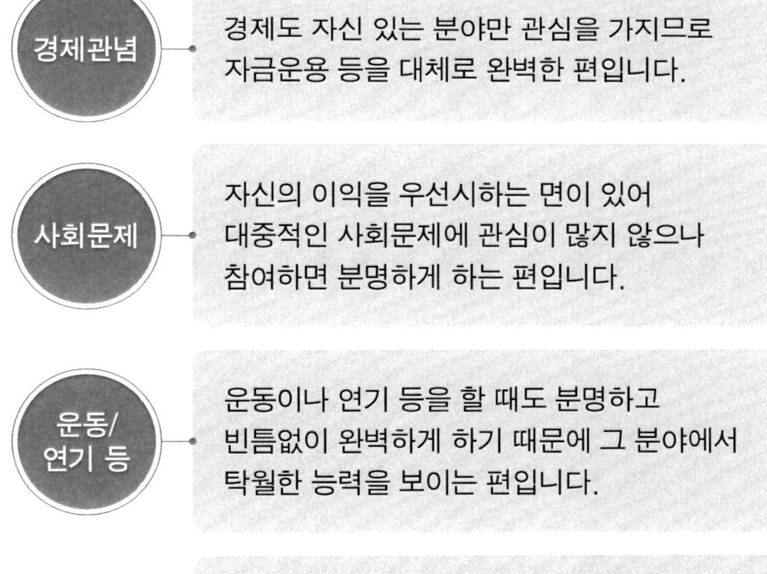

경제관념
경제도 자신 있는 분야만 관심을 가지므로
자금운용 등을 대체로 완벽한 편입니다.

사회문제
자신의 이익을 우선시하는 면이 있어
대중적인 사회문제에 관심이 많지 않으나
참여하면 분명하게 하는 편입니다.

운동/
연기 등
운동이나 연기 등을 할 때도 분명하고
빈틈없이 완벽하게 하기 때문에 그 분야에서
탁월한 능력을 보이는 편입니다.

직업
자신이 관심을 가지는 분야에서는 탁월한
능력을 보이므로 거의 모든 분야에 잘
어울리는 편입니다.

1) 한글의 자음 'ㅁ', 'ㅂ', 'ㅍ', 'ㅃ'은 입술 모양을 본떠서 만든 글자이고, 그 뜻은 글자 모양이나 입술의 특징을 가지고 있는 글자입니다. 따라서 자음 'ㅁ', 'ㅂ', 'ㅍ', 'ㅃ'은 「그 기운(에너지)이 한 곳에 모이다」는 것이 핵심입니다. 그 정도와 강도는 "ㅁ〈ㅂ〈ㅍ〈ㅃ"의 순입니다.

이러한 자음 'ㅁ', 'ㅂ', 'ㅍ', 'ㅃ'의 뜻이 이름에 이 자음을 쓰는 사람들에게도 그 특징이 그대로 나타납니다. 그러면 지금부터 이름에 이 자음을 쓰는 사람들의 관심에서부터 직업에 이르기까지 전반에 나타나는 특징을 살펴보도록 하겠습니다.

2) 첫째로, 이들의 생각이나 관심은 폭 넓게 관심을 갖기보다 자신이 원하는 범위와 대상을 정하고 자신이 정한 대상에 대해서는 분명하고 완벽하게 꼼꼼히 집중하는 편입니다. 'ㄱ'은 깊은 곳까지 계속해서 파고든다면 이들은 어느 정도 수준에서 연마를 거듭하여 완벽하게 하는 차이가 있습니다. 그리고 이들은 대체로 자기중심주의, 완벽주의, 현실주의를 추구하는 편입니다.

이들은 자신이 관심을 가지는 것에 대해서는 분명함과 완벽함을 추구하기 때문에 해당분야에서 최고가 된 유명인이 많은 편입니다. 그 대표적인 인물로는 '마하트마 간디', '버락 오바마', '미켈란젤로 부오나로티', '루트비히 판 베토벤', '볼프강 아마데우스 모차르트', '이미자', '김병만', '김명민' 등 수많은 유명인들이 있습니다.

3) 둘째로, 이들은 상대와의 대화에서 자신이 미리 정해놓은 범위 내에서 대화를 유도하거나 대화를 함에 있어서도 대충 말하기보다 분명하고 명확하게 말하는 것을 좋아하는 편입니다. 그래서 자신의 성격이 분명한 것을 좋아하기 때문에 상대가 그러하지 않을 경우 마찰을 빚는 경우도 많습니다.

4) 셋째로, 이들은 말만 앞세우는 것을 좋아하지 않고 자신이 하고자 하는 결심만 서면 반드시 실행하는 편이기도 합니다. 그리고 대체로 모범적인 삶을 살아가려고 노력하는 편입니다. 그래서 다른 자음을 쓰는 이들에 비해 대체로 언행일치에 가깝습니다. 반면, 이들은 모범적이고 완벽주의를 추구하기 때문에 인간적인 측면에서는 인간미가 다소 부족할 수도 있습니다.

5) 넷째로, 이들은 평소 자신의 일을 완벽하게 처리하는 것이 습관화되어 있는 편입니다. 그래서 어떤 일이든 자신이 해야겠다는 결심만 서면 그 일을 분명하고 빈틈없이 완벽하게 처리하는 경향

이 있습니다. 그리고 일처리는 계획에 따라 다른 많은 것들에 관심을 두지 않고 그 일에만 집중하므로 비교적 정해진 시간에 완벽하게 일을 끝내려고 하는 편입니다.

6) 다섯째로, 이들은 평소 생각이나 관심을 폭 넓게 갖지 않고 자신과 관련된 몇 가지 사항에만 집중하기 때문에 비교적 마음이 복잡하지 않고 안정되어 있는 편입니다. 그래서 이들의 속마음은 불안감이나 두려움이 다른 자음을 쓰는 이들에 비해 비교적 적고 편안한 마음을 유지하는 편입니다.

7) 여섯째로, 이들의 경제관념은 이것저것 아무거나 관심을 가지지 않고 여러 정보와 자신의 경험 등을 바탕으로 자신 있는 분야에만 관심을 가지고 있는 편입니다. 그래서 다른 자음을 쓰는 이들에 비해 투자를 포함한 자금운용 등을 대체로 안정적이고 완벽하게 운용하는 편입니다. 결과적으로 실패율이 상대적으로 낮은 편입니다.

8) 일곱째로, 이들의 사회문제에 참여하는 것도 자신의 이익을 우선시하는 경향이 있어 대중적인 사회문제에 많은 관심을 두지 않는 편입니다. 그러나 이들이 대중적인 사회문제에 관심을 갖고

참여하면 그 누구보다 분명하고 확실하게 참여하는 편입니다.


  9) 여덟째로, 이들은 운동이면 운동, 연기면 연기, 음악이면 음악, 미술이면 미술 등 그 분야에서 완벽할 때까지 분명하고 빈틈없이 연마하기 때문에 해당 분야에서 탁월한 능력을 보이는 편입니다. 이에 대한 각 분야의 유명인은 얼마든지 쉽게 찾아볼 수 있습니다.


  10) 마지막으로, 이들은 완벽주의를 추구하기 때문에 자신의 관심분야에서는 탁월한 능력을 보이는 편입니다. 따라서 이들은 거의 모든 분야에 잘 어울린다고 할 수 있습니다.

사고의 폭이 좁고, 자신이 관심을 가지는 것은 확실하고 철저하게 집중하며, 대체로 자기중심적이고 집착이 강한 편입니다.

상더와 대화에서 자신이 원하는 방향으로 대화를 이끌어 가며, 말이 많은 것을 좋아하지 않고 길게 말하는 것보다 짧게 말하는 경향이 있습니다.

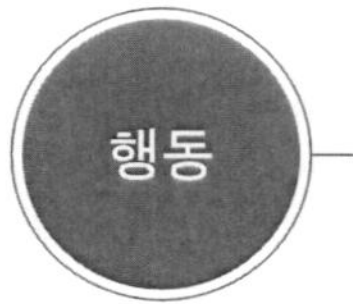


말보다 행동이 앞서고 행동이 거칠거나 딱딱하며 남을 의식하지 않는 경향이 있습니다.

일처리는 깊이 생각하지 않기 때문에 완벽하지 않으나 수단과 방법을 가리지 않고 정해진 시간에 완수하려고 하는 편입니다.

| 속마음 | 다른 자음을 쓰는 이들에 비해 두려움이 상대적으로 적고, 과격한 것을 좋아 하는 편입니다. |
| 경제관념 | 복잡하지 않고 단순하며, 자신이 원하는 것은 어떻게든 가지려고 하는 편입니다. |
| 사회문제 | 자기중심적으로 사회문제를 바라보고 자신의 이익과 결부시켜 사회문제에 참여하는 편입니다. |
| 운동/<br>연기 등 | 운동은 거칠거나 강한 것을 좋아하고, 연기 등을 할 때도 거칠거나 강한 연기를 하는 경향이 있습니다. |
| 직업 | 직업으로는 군인, 경찰, 검찰, 운동선수, 가수, 기술자 등이 잘 어울립니다. |

1) 한글의 자음 'ㅅ', 'ㅈ', 'ㅊ', 'ㅆ', 'ㅉ'은 이(치아)의 모양을 본떠서 만든 글자이고, 이(치아) 사이를 비집고 나오며 마찰해야만 그 소리가 나는 글자입니다. 따라서 이 자음은 「그 기운(에너지)이 단단하게 응축되다」는 것이 핵심입니다. 그 정도와 강도는 "ㅅ 〈 ㅈ 〈 ㅊ 〈 ㅆ 〈 ㅉ"순입니다.

이(치아)는 입속에 들어온 모든 음식물을 소화하기 쉽게 잘게 자르고 쪼개고 으깨는 기능과 역할을 합니다. 이러한 이(치아)의 특성이 자음 'ㅅ', 'ㅈ', 'ㅊ', 'ㅆ', 'ㅉ'에도 그대로 들어 있습니다.

이러한 자음 'ㅅ', 'ㅈ', 'ㅊ', 'ㅆ', 'ㅉ'의 뜻이 이름에 이 자음을 쓰는 사람들에게도 그 특징이 그대로 나타납니다. 그러면 지금부터 이름에 이 자음을 쓰는 사람들의 관심에서부터 직업에 이르기까지 전반에 나타나는 특징을 살펴보도록 하겠습니다.

2) 첫째로, 이들의 생각이나 관심은 폭 넓게 관심을 갖기보다 자신이 원하는 대상을 좁혀서 집중하는 편입니다. 그리고 이것저것 다양하고 폭 넓게 생각하거나 관심을 가지는 것을 좋아하지 않습니다. 그래서 자신의 관심분야에 대하여 철저하고 확실하게 집중합니다. 이들은 자기중심주의와 현실주의를 추구하는 경향이 있습니다.

이들은 세계적으로 존경받을만한 유명인이 그리 많지 않은 편입니다. 결과적으로 조직을 위한 행동대원이나 주군을 보필하는 역할에 그칠 가능성이 높다고 할 수 있습니다. 반면, 이들이 국가지도자가 될 경우 국민을 전쟁의 공포나 전쟁의 희생양으로 내모는 경우가 많습니다.

그 대표적인 사례로 미국의 조지(이름) 부시(성), 일본의 아베(성) 신조(이름), 중국의 시진핑 등을 들 수 있습니다.

3) 둘째로, 이들의 대화는 상대를 자신이 원하는 방향으로 대화를 끌어 들이는 편입니다. 이들은 상대가 자신의 의견과 대립될 경우, 그 상대의 의견을 무시하거나 잘라버리기까지 합니다. 이로 인해 다툼이나 원성을 받기도 합니다. 그리고 말을 많이 하는 것을 좋아하지 않고, 말도 짧고 간결하게 말하는 것을 좋아합니다. 또한, 비록 자신의 주장이 근거가 다소 부족하거나 틀렸더라도 자기 합리화와 위협을 통해 강하게 우기기도 하는 경향이 있습니다.

4) 셋째로, 이들은 자신이 어떤 것에 대해 확신하거나 자신의 이익을 위해서라면 먼저 행동으로 옮기려고 합니다. 이때 그 행위가 타인과 관련된 것이라고 하더라도, 그에게 설명하거나 동의를 구하

지 않고 행동하는 경우가 많습니다. 그리고 이들의 행동은 거칠거나 강한 편이고, 주위나 남을 의식하지 않고 자기방식으로 행동하려고 합니다. 이들은 남을 배려하거나 인정을 베푸는 것이 부족한 편입니다.

5) 넷째로, 이들의 일처리는 깊이 생각하지 않고 처리하기 때문에 일처리의 완성도가 다소 떨어지나, 그 일을 위해서는 수단과 방법을 가리지 않고 해결하려고 합니다. 그래서 자신에게 부여된 일에 대해서는 정해진 시간에 완수하는 편입니다.

이들의 이러한 특성 때문에 이들을 악용하거나 이용하려는 사람들이 많고, 실제로 역사적인 자료를 통해 이러한 사실을 충분히 확인할 수 있으며, 현재에도 정치, 검찰, 경찰, 군사 등 우리 주변에서 일어나고 있는 많은 사례에서 이를 쉽게 알 수 있습니다.

6) 다섯째로, 이들의 속마음은 앞의 자음 'ㅁ'보다 더 단순하고, 평소 생각이나 관심을 자신과 관련된 사항에만 집중하기 때문에 머리가 복잡하지 않아 비교적 속마음이 편한 편입니다. 그래서 속마음은 두려움이나 공포가 다른 자음을 쓰는 이들에 비해 비교적 적은 편입니다. 무엇보다 이들은 거칠고 강한 것을 좋아하는 경향

이 있습니다.

　이들은 대체로 두려움과 공포를 적게 느끼는 편이지만 때로는 이와 정반대로 극단적인 공포와 두려움을 느끼는 경우도 있습니다.

　7) 여섯째로, 이들의 경제관념은 현실주의로 이것저것 다양한 것에 관심을 두지 않고 몇 가지 정보와 자신의 경험 등을 바탕으로 자신 있는 분야에만 관심을 가지려고 합니다. 자금운용 등은 비교적 복잡하지 않고 단순하게 운용하는 편이고 자신이 원하는 것은 수단과 방법을 가리지 않고 어떻게든 취하려는 경향이 강합니다.

　8) 일곱째로, 이들의 사회문제의 참여는 자신의 이익에 우선시하는 경향이 강하고, 대중적인 사회문제에 많은 관심을 두지 않는 편입니다. 그러나 대중적인 사회문제에 관심을 갖고 참여하면 그 누구보다 철저하고 확실하게, 때로는 물리적이고 폭력적인 행동도 서슴지 않고 참여하는 편입니다.

　9) 여덟째로, 이들은 부드럽고 유연한 운동종목보다 거칠고 강한 운동종목을 좋아하는 편입니다.

그리고 이들은 연기 등을 할 때도 거친 액션배우를 좋아하는 편이고, 일반적으로 거칠고 강한 연기를 주로 하는 편입니다.

10) 마지막으로, 이들의 생활신조는 마치 「강한 것만이 나의 삶」인 양, 부드럽고 따듯하고 우아한 것을 좋아하지 않기 때문에 직업적으로는 군인, 경찰, 검찰, 운동선수, 가수, 기술자 등이 잘 어울린다고 할 수 있습니다.

**생각/관심**

다양하고 폭 넓은 분야에 관심을 가지며 사고를 종합적이고 합리적으로 유연하게 하는 편입니다.

**대화**

사고가 종합적이고 융통성이 있어서 상대방의 의견을 종합하여 마찰을 빚지 않도록 하는 경향이 있습니다.

**행동**

거칠지 않고 의연하게 행동하며 의인의 모습으로 행동하는 것을 좋아하는 편입니다.

**일처리**

주변의 많은 사람들의 의견을 종합하고자 노력하며 비교적 주어진 시간을 준수하려고 합니다.

**속마음**

모가 나지 않는 성격으로 비교적 안정적이고 편안한 마음을 유지합니다.

| 경제관념 | 다양한 분야에 관심이 많고, 합리적인 경제운영을 하는 경향이 있습니다. |
| 사회문제 | 사회전반에 대한 관심이 많고, 사회문제 참여는 종합적이고 합리적으로 참여하고자 하는 편입니다. |
| 운동/ 연기 등 | 운동종목은 부드럽고 유연한 종목을 선호하고, 연기를 할 때도 강하거나 거칠지 않고 아름답고 우아한 연기를 하는 편입니다. |
| 직업 | 직업으로는 변호사, 판사, 진행자, 상담자 등 종합적인 판단을 요하는 직업이 잘 어울립니다. |

 이름이 성격을 좌우합니다

　1) 한글의 자음 'ㅇ', 'ㅎ'은 목구멍의 모양을 본떠서 만든 글자이고, 이 소리는 혀뿌리, 연구개(물렁입천장), 코들이 어우러져 소리를 내는 글자입니다. 따라서 이 자음은 「그 기운(에너지)이 둥글게 모아지다」는 것이 핵심입니다. 그 정도와 강도는 "ㅇ 〈 ㅎ"의 순입니다. 'ㄴ'계열은 기운이 퍼져있어 모아지지 않으나, 'ㅇ'계열은 기운이 모아진다는 점에서 차이가 있습니다.

　이러한 자음 'ㅇ', 'ㅎ'의 뜻이 이름에 이 자음을 쓰는 사람들에게도 그 특징이 그대로 나타난다는 것이 바로 한글의 위대함입니다. 그러면 지금부터 이름에 이 자음을 쓰는 사람들의 관심에서부터 직업에 이르기까지 전반에 나타나는 특징을 살펴보도록 하겠습니다.

　2) 첫째로, 이들의 생각이나 관심은 모든 분야에 걸쳐 폭넓게 이루어지며, 이들의 사고체계는 종합적이고 합리적이며 유연한 사고를 하는 편입니다. 이들은 자음 'ㄴ'과 달리 종합적이고 합리적인 사고를 하기 때문에 생각이나 관심의 정도도 깊이가 있고 집중도도 높습니다. 그래서 성과물이나 결과물도 완성도가 상당히 수준이 높은 편입니다. 또한 'ㄴ'과 같이 합리주의, 평화주의, 이상주의를 추구하려는 경향이 있습니다.

이들의 성격은 글자의 모양처럼 모가 나지 않는 둥글고 원만한 편입니다. 그래서 이들은 정치, 경제, 사회, 문화, 철학 등 모든 분야에서 유명인이 가장 많습니다.

한국의 역대 대통령, 한국의 성리학자, 한국의 유명연예인을 비롯한 역대 노벨상 수상자(의학, 물리, 화학, 문학, 평화, 경제학) 등의 이름에는 'ㅇ'계열이 어느 위치든 거의 모두 들어 있다는 것을 알 수 있습니다.

3) 둘째로, 'ㄴ'은 대체로 상대방과 마찰을 피하려고만 하는 반면, 이들은 사고가 종합적이고 합리적이기 때문에 상대방의 대화를 가급적 끝까지 들어 주고 상대방의 의견을 종합하는 경향이 많습니다. 그리고 이들은 어떤 사항에 대한 결정을 종합하여 합리적으로 하기 때문에 대부분 심각할 정도의 불만이 없는 편이기도 합니다.

4) 셋째로, 이들은 성격적으로 남을 아프게 하는 등의 거칠고 강한 행동은 싫어하그 상대와 대화로 해결하고자 하는 편입니다. 그래서 폭언, 폭행, 상해, 살상 등을 좋아하지 않습니다. 이들 역시 고기를 날것으로 먹는 것을 좋아하지 않고 완전히 익혀서 먹

는 것을 좋아 합니다. 이들의 성격은 대체로 원만하고 합리적인 편입니다.

5) 넷째로, 이들의 일처리는 모든 사항을 종합하여 합리적으로 처리하려고 노력합니다. 그래서 이들이 처리한 일에 대해서는 대부분의 사람들이 만족하기도 합니다. 그리고 자신에게 주어진 시간을 비교적 잘 준수하는 편입니다.

6) 다섯째로, 이들은 평소 다양하고 폭넓게 사고하며 속마음이 모가 나지 않는 원만하고 합리적인 성격이어서 비교적 편안한 마음을 유지하는 편입니다. 하지만, 단순한 성격이 아니므로 항상 편안한 마음을 유지하는 것만은 아닙니다. 다시 말해서 평상시 약 20 ~ 30% 가량은 속마음이 불편할 수 있습니다.

7) 여섯째로, 이들의 경제관념은 다양한 분야에 관심이 많고, 자금운용 등도 무리하지 않으면서 종합적이고 합리적으로 운영하는 경향을 보입니다.

8) 일곱째로, 이들은 사회전반에 대해 관심이 많고, 사회문제에 대한 참여는 종합적이고 합리적으로 판단하여 참여하는 편입니다.

그리고 이들이 사회문제에 참여할 때에는 거칠거나 폭력적인 방법을 선호하기보다 대화와 타협을 통해 원만하게 해결하는 방법을 선호하는 편입니다.


9) 여덟째로, 이들은 운동종목을 선택할 때도 부드럽고 유연한 종목을 선호하고, 설사 거친 운동을 하더라도 자신의 스타일로 아름답고 유연하게 운동을 합니다.


이에 대한 대표적인 선수로 올림픽 금메달리스트인 김연아, 이용대 등을 통해 이를 잘 알 수 있습니다. 이들의 연기는 아름답고 유연하고 우아하게 표현하기 때문에 이들을 보는 사람들은 편안함과 아름다움과 즐거움을 느낄 수 있습니다.


10) 마지막으로, 이들은 모든 사항에 대하여 종합적이고 합리적인 판단을 잘 하는 편이어서, 직업으로는 변호사, 판사, 진행자, 상담자 등 종합적인 판단을 필요로 하는 직업이 잘 어울린다고 할 수 있습니다.

　피겨의 김연아 선수의 경우 'ㅇ'이 2개여서 아름답고 우아하고 유연하며, 'ㄱ'의 깊이, 'ㄴ'의 부드러움, 'ㅁ'의 분명함, 모음의 'ㅕ', 'ㅏ', 'ㅣ'로 음양의 조화로 강약의 조절 능력 등 골고루 갖춘 이름이라고 할 수 있습니다. 그래서 김연아의 연기는 누구도 범접할 수 없는 아름답고 우아하며 유연하고 부드러우면서도 기품과 품격을 갖춘 연기로 세계인을 감동시켰다고 할 수 있습니다.

　그리고 무엇보다 김연아는 대체로 기복이 없는 반면, 라이벌 관계였던 일본의 아사다 마오는 모음에서 양으로만 구성되어 있어 경쟁선수의 점수에 심하게 영향을 받는 등 감정조절에 어려움이 많은 특징이 있습니다.

# 자모가 결합된
# 이름의 특징

# 01 이름의 구조

| 구 분 | 구 조 |
|---|---|
| 동 양 | 성(姓) + 이름 |
| 서 양 | 이름 + 성(姓) |

1) 이름은 넓은 의미로는 성과 이름을 합친 것을 말하고, 좁은 의미로는 성을 제외한 이름만을 말합니다. 이 책에서는 성을 제외한 좁은 의미의 이름을 이름이라고 하겠습니다.

2) 현대사회에서 우리가 사용하는 이름의 구조는 한국을 비롯한 동양에서는 성(姓)이 먼저오고 이름이 뒤에 붙는 식이고, 서양에서는 동양과 반대로 이름이 먼저오고 성(姓)이 뒤에 붙는 식입니다. 이런 이름의 구조는 오랜 역사를 거쳐 현재의 구조로 정착되었다고 볼 수 있습니다.

3) 우리나라의 이름은 성(姓)과 이름을 합쳐 3자로 쓰고 3개로 발음하는 것이 보편적이고, 일부가 2자나 4자로 쓰고 발음도 각각 2개나 4개로 발음합니다. 그러나 우리나라를 제외한 중국, 일본, 미국, 독일, 프랑스, 아랍 국가 등 다른 나라들은 이름을 표기하는 숫자도 다양하고 발음되는 숫자도 다양합니다.

4) 그 예로, 우리나라에서는 「김태희」를 "김태희"로 표기하고 이를 김/태/희/라고 발음하지만, 중국에서는 「모택동」을 "毛澤東"으로 표기하고 이를 마오/쩌/둥/이라고 발음합니다. 그리고 일본에서는 「아베신조」를 "安倍晋三"으로 표기하고 이를 あ(아)/べ(베)/しん(신)/ぞう(조우)/라고 발음합니다.

| 이름과 성(姓) | | 영 향 | |
| --- | --- | --- | --- |
| 이름 | 약 70% | 1자인 경우 | 70 ~ 50% |
| | | 2자인 경우 | 첫째 자 약 40%<br>둘째 자 약 30% |
| | | 3자인 경우 | 첫째 자 약 35%<br>둘째 자 약 25%,<br>셋째 자 약 10% |
| | | 4자인 경우 | 첫째 자 약 30%<br>둘째 자 약 20%,<br>셋째 자 약 10%<br>넷째 자 약 10% |
| 성(姓) | 약 30% | 1자인 경우 | 30 ~ 50% |
| | | 2자인 경우 | 첫째 자 약 20%<br>둘째 자 약 10% |
| | | 3자인 경우 | 첫째 자 약 15%,<br>둘째 자 약 10%<br>셋째 자 약 5% |

| | 4자인 경우 | 첫째 자 약 14%<br>둘째 자 약 9%,<br>셋째 자 약 5%<br>넷째 자 약 2% |
|---|---|---|

※ 이름과 성(姓)이 각 1자씩인 경우는 각 글자의 영향이 50:50 정도 될 수도 있습니다.

1) 앞에서 언급한 바와 같이, 한글은 대자연의 기운과 뜻을 담은 세계 유일의 글자입니다. 따라서 우리나라 사람뿐만 아니라 이름을 사용하는 세계 모든 나라 사람들은 한글 식으로 발음되는 이름의 영향을 받는 것이 지극히 당연하다고 할 것입니다.

2) 이름이 인간에게 미치는 영향은 가장 많이 가장 강하게 발음되는 글자의 순서에 따라 영향을 미치게 됩니다. 그 이유는 자연계의 모든 생명체가 서로 소리의 에너지 강도에 따라 교감을 하듯이, 인간도 이름의 소리가 가장 많이 가장 강하게 듣는 것에 강한 반응을 보이기 때문일 것입니다.

3) 인간은 태어나서 죽을 때까지 이름을 사용합니다. 그리고 인

간은 어릴 때나 성인이 되더라도 늘 가까이서 함께 생활하고 호흡하는 대상이 바로 가족과 친구와 주변 사람들입니다. 이러한 가족과 친구들은 그 사람을 부를 때 성(姓)을 빼고 이름을 주로 부릅니다. 그래서 인간은 살아있는 동안 성(姓)을 뺀 이름을 가장 많이 사용하게 되는 것입니다. 그러므로 성(姓)과 이름 중에서 그 사람에게 영향을 미치는 정도를 계량적으로 나타낸다면 가장 많이 불리는 이름이 약 70% 정도이고, 성(姓)은 약 30% 정도라고 할 수 있을 것입니다.

3) 지금부터, 이름과 성(姓) 중에서 어떤 글자가 그 사람에게 어느 정도 영향을 미치는가에 대하여 세부적으로 살펴보도록 하겠습니다.

우리나라에서 발음되는 성(姓)은 1자가 대부분이고 일부가 2자로 되어 있는 반면, 다른 나라에서는 발음되는 성(姓)이 2자 이상인 경우가 흔합니다. 그리고 나머지 이름도, 우리나라에서는 발음되는 이름이 2자가 대부분이고 일부가 1자나 3자로 구성되어 있지만 다른 나라에서는 발음되는 이름이 2자 이상인 경우가 아주 흔합니다.

첫째로, 우리나라의 이름 중에 가장 흔한 경우인 성(姓)은 1자이고, 이름이 2자인 경우부터 살펴보도록 하겠습니다.

예를 들어, 성(姓)이 「홍」자이고 이름이 「길동」이라면 「홍길동」의 가족이나 친구들은 "길동아~"라고 부르고, 그 외의 다른 사람들은 "홍길동씨"라고 주로 부릅니다. 그리고 가족이나 친구들이 "홍길동!"이라고 부르는 경우는 가끔 정도입니다.

그래서 1차적인 영향을 미치는 글자가 「길」자가 되고, 이 「길」자가 가장 먼저, 가장 강하게 발음되므로 이름의 영향 약 70% 중에서 약 40% 정도의 영향을 미치게 되고, 2차적으로는 「동」자가 약 30% 정도 영향을 미치게 되는 것입니다. 3차적으로는 「홍」자가 약 30% 정도 영향을 미치게 된다고 할 수 있습니다.

둘째로, 우리나라 이름 중에 성(姓)도 1자이고, 이름도 1자인 경우입니다. 예를 들어, 성(姓)이「강」자이고 이름이 「타」자라고 하면 「강타」의 가족이나 친구들은 "강타야~"라고 부르거나 "타야~"라고 부르고, 그 외 다른 사람들은 "강타씨"라고 주로 부릅니다.

이 경우는 성(姓)도 1자이고 이름도 1자이기 때문에 혼용해서 부르는 경우가 일반적이므로 성(姓)과 이름의 영향이 각 50:50 정도의 비중이 될 수도 있습니다.

셋째로, 우리나라 이름 중에 성(姓)이 2자이고, 이름이 2자인 경우입니다.

예를 들어, 성(姓)이 「선우」자이고 이름이 「영희」라면 「선우영희」의 가족이나 친구들은 "영희야~"라고 부르고, 그 외의 다른 사람들은 "선우영희씨"라고 주로 부릅니다. 그리고 가족이나 친구들이 "선우영희!"라고 부르는 경우는 가끔입니다.

그래서 1차적으로 영향을 미치는 글자가 「영」자가 되고, 이 「영」자가 가장 먼저, 가장 강하게 발음되므로 이름의 약 70% 영향중에서 약 40%의 영향을 미치게 되고, 2차적으로는 「희」자가 약 30% 영향을 미치게 되는 것입니다. 3차적으로는 「선」자가 성(姓)의 약 30% 영향중에서 약 20%의 영향을 미치게 되고, 마지막으로 「우」자가 약 10%의 영향을 미치게 되는 것입니다.

넷째로, 우리나라가 아닌 다른 나라 이름의 경우입니다. 우리가 너무도 잘 알고 있는 미국의 16대 대통령 「에이브러햄 링컨」의 이름의 예를 들어보겠습니다.

「에이브러햄 링컨」은 성(姓)이 「링컨」이고 이름이 「에이브러햄」입니다. 마찬가지로 「에이브러햄 링컨」의 가족이나 친구들은 "에이브러햄!"이라고 부르고, 그 외의 다른 사람들은 "링컨씨", 또는 "에이브러햄 링컨씨"라고 부릅니다. 그리고 가족이나 친구들은 "에이브러햄 링컨"이라고 부르는 경우가 가끔입니다.

그래서 1차적으로 영향을 미치는 글자가 이름의 「에」자가 되고, 이 「에」자가 가장 먼저, 강하게 발음되므로 이름의 약 70% 영향 중에서 그 비중의 순서대로 약 30%의 영향을 미치게 되고, 다음으로 「이」자가 약 20%, 「브」자가 약 10%, 「러」자와 「햄」자가 약 5%씩 각 영향을 미치게 되는 것입니다.

그리고 2차적으로 영향을 미치는 글자가 성(姓)의 「링」자가 되고, 이 「링」자가 성(姓)의 약 30% 영향 중에서 약 20%의 영향을 미치게 되고, 다음으로 「컨」자가 약 10%의 영향을 미치게 되는 것입니다.

| 이름의 자모 | 영 향 |
| --- | --- |
| 모 음 | 약 60% |
| 자 음 | 약 40% |

1) 산은 아주 크고 웅장한 산도 있고, 작고 아담한 산도 있으며, 가파른 산도 있고, 완만한 산도 있습니다. 이러한 산을 말하는 것은 산의 형세를 말하는 것이고, 그 산에는 나무, 기암괴석, 수풀 등 수많은 산의 구성물들이 존재합니다. 이때 산의 형세가 바로 한글의 모음에 해당하고 그 산의 구성물들이 한글의 자음에 해당한다고 할 수 있습니다.

또한, 나무는 소나무, 밤나무, 과일나무 등 수많은 종류의 나무가 있고, 그 나무에는 열매, 가지, 잎, 뿌리 등 그 형태가 또한 제각각입니다. 이때 나무의 기둥과 몸통 등 전체적인 부분이 바로 한글의 모음에 해당하고, 그 나무의 열매, 가지, 잎, 뿌리 등은 한글의 자음에 해당한다고 할 수 있습니다.

2) 이처럼 한글의 모음은 전체의 모습과 형태를 나타내고, 자음은 그 모음에 종속되어 모음을 보조해 주는 역할을 한다고 할 수 있습니다.

3) 따라서 이름의 경우도 마찬가지로 이름의 모음은 그 사람의 인생관이나 철학 등 근본적이고 전체적인 성격에 영향을 주므로 그 사람에게 미치는 영향은 약 60% 이상이 된다고 할 수 있고, 이름의 자음은 그 사람의 세부적인 성격에 영향을 주므로 그 사람에게 미치는 영향은 약 40% 정도 된다고 할 수 있습니다.

4) 이에 대한 예로, 이름에 「성」자라는 글자를 사용한다고 가정해 봅시다. 이 경우 「성」자의 초성 'ㅅ'과 종성 'ㅇ'만으로는 「성」자의 전체적인 성격을 알 수 없습니다. 중성인 'ㅓ'가 방향은 뒤나 내부로 향하고 있고, 밝기는 어둡고, 크기는 크고, 무게는 무겁고, 하는 등의 전체적인 모습을 나타내어 줄 때, 비로소 「성」자의 전체적인 성격을 알 수 있습니다.

　이처럼 중성인 'ㅓ'가 그 사람의 인생관이나 철학 등 전체적인 성격에 영향을 주는 것입니다. 그러므로 이름의 모음이 그 사람의 성격에 미치는 영향력은 약 60% 이상 된다고 할 수 있는 것입니다.

# 04 자음의 초성과 종성이 미치는 영향

| 구 분 | 성 격 | 영 향 |
|---|---|---|
| 초 성 | 표면적인 성격<br>내면적인 성격 | 약 70%<br>약 30% |
| 종 성 | 표면적인 성격<br>내면적인 성격 | 약 30%<br>약 70% |

1) 나무는 줄기나 몸통, 가지, 잎, 열매, 뿌리 등으로 구성되어 있습니다. 나무를 구성하는 모든 것들은 서로에게 영향을 주고받으면서 살아갑니다. 이렇듯, 이름의 초성과 종성은 사람이 나타내는 표면적인 성격이나 내면적인 성격에 어떤 식으로든 영향을 주기 마련입니다.

2) 그렇다고 나무의 가지나 잎들이 뿌리가 될 수 없고, 나무의 뿌리가 가지나 잎들이 될 수 없습니다. 그리고 무엇보다 이름을 발음하는 과정에서 연음이 많이 일어나므로 초성과 종성은 서로 영

향을 미치게 됩니다. 그래서 이름의 초성은 사람의 표면적인 성격에 미치는 영향이 약 70% 이상이 될 것이고, 사람의 내면적인 성격에 약 30% 정도의 영향을 미치게 될 것입니다.

반대로, 종성은 사람의 내면적인 성격에 미치는 영향이 약 70% 이상이 될 것이고, 사람의 표면적인 성격에 약 30% 정도의 영향을 미치게 될 것입니다.

3) 이에 대한 예로, 앞에서와 같이 이름에 「성」자라는 글자를 사용한다고 가정해 봅시다.

이 경우 초성인 'ㅅ'의 성격은 "사고의 폭은 좁고, 자신의 관심사항에 대해서는 확실하고 철저한 편이며, 대화는 자기 위주로 대화하고, 집착이 강하며, 행동이 거칠거나 강한 편이며, 남을 의식하지 않는 등 대체로 자기중심주의와 현실주의를 추구하는 형태"로 주로 나타나게 됩니다. 이러한 'ㅅ'의 성격이 그 사람의 표면적인 성격으로 약 70% 이상 나타나게 되고, 나머지 약 30% 정도는 그 사람의 내면적인 성격으로 나타나게 되는 것입니다.

그리고 종성인 'ㅇ'의 성격은 "사고가 종합적이고 합리적이며, 그 폭도 넓은 편이며, 상대방의 의견을 합리적으로 조율하며, 행동은 의연하면서 일처리는 합리적으로 처리하며, 사회문제도 합리적으로 접근하는 등 대체로 합리주의, 평화주의, 이상주의를 추구하는 형태”로 주로 나타납니다. 이러한 ‘ㅇ’의 성격이 그 사람의 내면적인 성격으로 약 70% 이상 나타나게 되고, 나머지 약 30% 정도는 그 사람의 표면적인 성격으로 나타나게 되는 것입니다.

## 05 이름에 종성이 없는 글자의 경우

| 글자의 구성 | 초성 + 중성 |
|---|---|
| 예 | 가, 나, 다, 규, 미, 비, 서, 시, 조, 주, 차, 토, 휴 등 |
| 내면적인 성격 | 내면적인 성격은 종성이 없는 글자이기 때문에 다른 종성이 있는 글자에 비해 복잡하지 않고 아주 단순한 편입니다. |

1) 대자연과 인간 세상에서도 복잡하지 않고 간단하고 단순한 것이 참 많습니다. 이러한 간단하고 단순한 것들을 우리 한글이 초성과 중성만으로 이를 표현하고 있습니다. 이렇게 구성된 한글의 글자도 꽤 많은 편입니다.

그러나 대자연과 인간 세상은 너무 복잡하여 한글의 초성과 중성만으로는 이를 모두 표현할 수 없기에 초성+중성+종성으로 구성하여 이를 모두 표현하고자 한 것으로 보입니다.

2) 이처럼, 이름에 종성이 없는 글자는 다른 종성이 있는 글자에 비해 그 사람의 내면적인 성격에 미치는 영향이 아주 적다고 할 수 있습니다. 결국, 종성이 없는 글자를 쓰는 사람의 내면적인 성격은 초성의 자음에서 약 30% 정도만 영향을 받기 때문에 내면적인 성격이 복잡하지 않고 아주 단순하게 되는 것입니다.

3) 이에 대한 예로, 이름에 「무」자를 쓴다고 가정해 봅시다.

이 경우, 중성인 'ㅜ'의 중심적인 성격은 "표정은 어두운 편이며, 행동은 매사에 신중하고 느린 편이며, 대화는 말이 적고 과묵한 편이며, 생각은 몇 가지에만 몰두하며, 일는 차근차근 완벽하게 처리하려는 경향이 보이며, 운동은 지구력을 요하는 종목을 선호하는 편이며, 경제운용은 철저하며, 속마음을 잘 드러내지 않으며, 사회생활은 변화를 싫어하는 등의 형태"로 주로 나타나게 됩니다.

그리고 초성인 'ㅁ'의 성격은 "폭 넓은 관심보다는 범위를 정하여 관심을 갖는 편이며, 자신의 관심분야는 분명하고 완벽히 집중하는 편이며, 언행일치하는 편이며, 일처리도 완벽히 하는 편이며, 사회문제에 참여하면 분명히 하는 등 대체로 자기중심주의, 완벽주의, 현실주의를 추구하는 형태"로 주로 나타납니다. 이러한

'ㅁ'의 성격이 그 사람의 표면적인 성격으로 약 70% 이상 나타나고, 나머지 약 30% 정도는 그 사람의 내면적인 성격으로 나타나는 것입니다.

이로 인하여, 이름에 「무」 자를 쓰는 사람의 내면적인 성격은 다른 종성을 쓰는 사람들에게 비해 복잡하지 않고 단순하게 나타나는 것입니다.

모음이 양성만으로 구성

표정은 아주 밝고 환한 편입니다. 행동은 매사에 나서기 좋아하고 신중하지 못하고 성격이 급하며 참을성이 약하고 가벼운 편입니다. 대화는 자기표현을 잘하고 말이 많고 임기응변이 뛰어난 편입니다. 생각은 허황하거나 낙관적이고 창의적이어서 아이디어가 많은 편입니다. 일처리는 대충이라도 빨리 처리하려고 하며, 운동은 스피드를 요하는 종목을 선호하는 편입니다. 경제운용은 자신의 욕구를 실현하는 방향으로 운용하려고 하는 편입니다. 속마음을 잘 드러내거나 화를 잘 내기도 합니다. 사회생활은 한 가지 직업을 오래 지속하기보다 변화를 좋아하는 편입니다. 음악은 선율이 빠른 곡을 좋아하는 편입니다. 무엇보다 감정의 폭이 넓지 않고 양성으로 편중되고, 외골수로 고집이 셀 수 있습니다.

표정은 어둡고 무거운 편입니다. 행동은 매사에 신중하고 느리고 참을성이 강하고 무게를 잡는 편입니다. 대화는 자기표현을 잘 못하여 말이 적고 과묵한 편입니다. 생각은 현실적인 몇 가지 사항에만 몰두하며 일처리는 차근차근 완벽하고 책임감 있게 처리하는 편입니다. 운동은 지구력을 요하는 종목을 선호하고, 경제운용은 구두쇠처럼 철저하게 운용하는 편입니다. 속마음은 잘 드러내지 않거나 말문을 닫아버리기도 합니다. 사회생활은 변화를 싫어하고, 한 가지 직업을 오래 지속하는 편입니다. 음악은 선율이 느린 곡을 좋아하는 편입니다. 무엇보다 감정의 폭이 넓지 않고 음성으로 편중되어서 외골수로 고집이 셀 수 있습니다.

1) 우리나라를 비롯한 많은 나라의 사람들의 이름 중에는 여러 개의 모음이 양성으로나 음성으로만 구성되어 있는 경우가 아주 많습니다.

이들은 기운(에너지가)이 한쪽 방향으로만 흘러 사고를 한쪽으로

만 흐르게 하는 특성으로 인해 편중된 사고와 감정을 가질 가능성이 높습니다. 그래서 모음이 양성으로만 구성된 사람들은 기운(에너지)이 앞으로나 위로만 흐르고, 모음이 음성으로만 구성된 사람들은 기운(에너지)이 뒤로나 아래로만 흐르므로 서로 반대편의 기운(에너지)을 잘 느끼지 못할 수 있습니다.


2) 모음의 특성을 컴퓨터 메모리로 비유할 수 있을 것 같습니다. 컴퓨터 메모리는 크게 캐쉬 메모리(cache memory)와 메인 메모리(main memory) 2종류로 구분되어 있고, 이 중 캐쉬 메모리는 메인 메모리에 비해 저장용량이 작은 반면 처리속도가 대단히 빠른 특성이 있습니다.


이처럼, 모음이 양성인 'ㅏ', 'ㅑ', 'ㅗ', 'ㅛ'는 모든 면에서 반응이 빠르고 저장 공간이 작은 캐쉬 메모리와 유사한 성격을 가지고 있습니다. 그에 반해, 모음이 음성인 'ㅓ', 'ㅕ', 'ㅜ', 'ㅠ'는 모든 면에서 반응이 느리고 저장 공간이 넓은 메인 메모리와 유사한 성격을 가지고 있다고 할 수 있습니다.


3) 또 다른 비유로, 모음의 특성을 자동차에 비유할 수 있습니다. 자동차는 변속기를 통해 전진과 후진을 할 수 있습니다. 이때

모음 'ㅏ', 'ㅑ', 'ㅗ', 'ㅛ'는 자동차의 전진에 해당하고, 모음 'ㅓ', 'ㅕ', 'ㅜ', 'ㅠ'는 자동차의 후진에 해당한다고 할 수 있습니다.

4) 모음이 양성의 비중이 높은 경우와 음성의 비중이 높은 경우의 직업적인 특성은 확연히 다릅니다.

양성의 비중이 높은 경우의 직업은 코미디언, 만담가, 모험가, 개척가, 탐사가 등 새로운 일에 도전하는 직업에 잘 어울립니다. 이에 대한 대표적인 인물로는 코미디언 중에 '배삼룡', '송해', '이상용', '강호동' 등이 있고, 동방견문록의 저자 '마르코 폴로 [Marco Polo, 1254 ~ 1324.1.8.]', 미대륙을 발견한 '크리스토퍼 콜럼버스 [Christopher Columbus, 1451.8.26. ~ 1506.5.21.]', 세계 일주를 하여 마젤란으로 더 잘 알려진 '페르낭 데 마갈라잉시 [Fernando de Magalhes, 1480 ~ 1521.4.27.]' 등 수많은 사람들이 있습니다.

반면, 음성의 비중이 높은 경우의 직업은 경영인, 경제인, 종교인, 비밀취급자 등 참을성과 인내심을 요구하는 직업에 잘 어울립니다. 이에 대한 대표적인 인물로는 경영인 중에 '이병철', '정주영', '빌 게이츠', '워런 버핏' 등이 있으며, 승려 중에 '성철', '법전', '법정' 등이 있고, 추기경 중에 '정진석', '염수정' 등 수많은 사람들이 있습니다.

공통

같은 계열의 자음의 수가 초성이나 종성에 어디든 상관없이 2개 이상만 있으면 그 자음의 특성이 강하게 나타납니다.

'ㄱ'계열
'ㅁ'계열
'ㅅ'계열

이름의 첫 자에 초성이 'ㄱ'계열, 'ㅁ'계열, 'ㅅ'계열이고, 같은 자음이 성(姓)이나 이름의 둘째 자의 초성에 있으면 고집이나 아집이 강해지고, 심하면 누구와도 쉽게 타협하지 않게 됩니다.

'ㄴ'계열

이름의 첫 자에 초성이 'ㄴ'계열이고, 같은 자음이 성(姓)이나 이름의 둘째 자의 초성에 있으면 너무 부드럽고 여리며, 심하면 나태해질 수 있습니다.

'ㅇ'계열

이름의 첫 자에 초성이 'ㅇ'계열이고, 같은 자음이 성(姓)이나 이름의 둘째 자의 초성에 있으면 매우 합리적이고 원만해 질 수 있습니다.

※이름이 1자인 경우는 그 이름의 자음의 성격이 매우 강하게 나타납니다.

---

1) 앞에서, 모음이 양성이나 음성의 구성 비중이 높으면 그 비중이 높은 성향으로 성격이 나타난다고 언급한 바 있습니다. 이와 마찬가지로, 이름에 자음의 경우도 같은 계열의 자음의 수가 초성이나 종성에 어디든 상관없이 2개 이상만 있으면 그 자음의 특성이 아주 강하게 나타납니다. 이러한 특징은 모든 자음에서 공통적으로 나타납니다.

예를 들어, 「홍길동」이라는 이름을 쓰는 사람이 있다면 이 사람의 이름에는 'ㅇ'계열이 3개이므로 이 사람은 매우 합리적이고 원만한 성격으로 나타납니다. 아울러 이름에 'ㄴ'계열이 2개가 더 있고 이름 전체의 자음 6개 중의 5개가 합리적이고 부드러운 'ㅇ'계열과 'ㄴ'계열의 자음으로 구성되어 있기 때문에 전체적으로는 매우 합리적이고 부드러운 성격으로 나타납니다. 그러나 이 이름의 첫 자음이 'ㄱ'이라서 'ㄱ'의 특징도 무시할 수 없는 성격으로 나타날 수 있습니다.

2) 자음 'ㄱ'계열을 쓰는 이름의 성격은 모질고 거칠지는 않으나 상당한 고집과 아집이 있을 수 있습니다. 'ㅁ'계열을 쓰는 이름의 성격도 분명하고 꼼꼼하며 상당한 고집과 아집이 있을 수 있습니다. 그리고 'ㅅ'계열을 쓰는 이름의 성격은 모질고 거칠기도 하고 고집과 아집이 가장 강한 편입니다. 이들 자음의 공통적인 특징은 부드러움과 원만함보다는 강함을 특징으로 하고 있습니다.

따라서 이들의 자음이 이름의 첫 자에 초성으로 있고, 같은 자음이 성(姓)이나 이름의 둘째 자에 있으면 고집이나 아집이 아주 강해질 수 있습니다. 그리고 이런 이름을 가진 사람은 교육이나 인격수양 정도에 따라 다소 차이가 있지만, 심한 경우에는 누구와도 쉽게 타협하지 않거나 자기 소신을 굽히지 않는 강한 성격을 보이기도 합니다.

우리의 영웅 충무공 「이순신」의 이름을 예로 들어보겠습니다. 충무공 「이순신」의 이름의 첫 자인 「순」의 초성이 'ㅅ'이고, 이름의 둘째 자인 「신」의 초성도 'ㅅ'입니다. 이렇게 초성에 'ㅅ'이 2개이기 때문에 「이순신」의 외부로 나타나는 표면적인 성격은 고집이나 아집이 아주 강하게 나타나고, 나라를 위해서는 어느 누구와도 쉽게 타협하지 않는 강직한 성품으로 나타날 수 있습니다.

그에 반해, 충무공 「이순신」의 이름은 「순」의 종성이 'ㄴ'이고, 「신」의 종성이 'ㄴ'이므로 'ㄴ'이 2개입니다. 그리고 성(姓)의 초성이 'ㅇ'입니다. 이로 인한 「이순신」의 내면적인 성격이나 전반적인 성격은 'ㄴ'과 'ㅇ'의 성격이 강하게 나타나서 다른 한편으로는 성품이 아주 부드럽고 따듯한 인품을 지닌 분이라는 것을 알 수 있습니다.

3) 자음의 성격 중에 가장 부드럽고 따듯한 성격의 자음이 'ㄴ'계열입니다. 이 'ㄴ'계열 중에서도 'ㅌ'이나 'ㄸ'은 부드러운 정도가 조금 줄고 반면 그만큼 단단함과 강함이 더해진 성격으로 나타나는 특징이 있습니다. 이름의 첫 자에 초성이 'ㄴ'계열이고, 같은 자음이 성(姓)이나 이름의 둘째 자의 초성에 있으면 너무 부드럽고 여린 성격으로 나타납니다. 그리고 이들의 성격은 너무 부드럽고 여러서 심할 경우 나태함으로 나타날 수도 있습니다.

예를 들어, 우리나라 역대 대통령 중에 「노태우」 대통령이 있습니다. 이 「노태우」 대통령의 이름의 첫 자인 「태」의 초성이 'ㅌ'이고, 성(姓)에서 「노」의 초성도 'ㄴ'입니다. 이렇게 초성에 'ㄴ'계열을 2개 쓰고, 이름의 둘째자의 초성도 'ㅇ'이기 때문에 「노태우」 대통령의 외부로 나타나는 표면적인 성격은 아주 부드럽고 여린 성격으로 나타나게 됩니다. 그리고 이 「노태우」의 이름은 모두 종성이 없는 글자들로 구성되어 있기 때문에 내면적인 성격은 복잡하지 않고 단순한 성격으로 나타나는 특징이 있습니다.

4) 자음의 성격 중에 가장 종합적이고 합리적인 성격의 자음이 'ㅇ'계열입니다. 이름의 첫 자에 초성이 'ㅇ'계열이고, 같은 자음이 성(姓)이나 이름의 둘째 자의 초성에 있으면 매우 종합적이고 합리적이며 유연하고 원만한 성격으로 나타나게 됩니다. 'ㅇ'계열은 'ㄴ'계열에 비해 부드러움과 따듯함이 상대적으로 많이 떨어지는 편입니다.

예를 들어, 조선시대의 대표적인 성리학자이면서 정치가였던 「퇴계 이황」이 있습니다. 이 「이황」의 이름 「황」의 초성이 'ㅎ'이고, 성(姓)에서 「이」의 초성도 'ㅇ'입니다. 이렇게 「이황」의 이름은 초성과 종성 모두에 'ㅇ'계열을 3개 쓰기 때문에 「이황」의 외부로 나타나는 표면적인 성격과 내면적인 성격은 매우 종합적이고 합리적이며 유연하고 원만한 성격으로 나타나게 됩니다. 다만, 「이황」의 이름 「황」의 모음이 'ㅗ'와 'ㅏ'로 구성되어 있어서 중심적인 성격은 매우 밝고 환한 편이며, 신중하지 못하고 가볍고 즉흥적이고 돌출적인 편이며, 임기응변이 강하고 급하고 속마음을 감추지 못하는 편이므로 자신의 생각이나 의견을 거침없이 쏟아내는 성품을 지닌 분이라는 것을 알 수 있습니다.

5) 성(姓)과 이름이 각 1자인 경우는 그 이름의 성격이 매우 강하게 나타납니다.

예를 들어, 성(姓)이 「강」이고 이름이 「철」인 「강철」이라는 이름을 쓰는 사람이 있다고 가정해 봅시다. 이 「강철」의 이름 「철」의 초성이 'ㅊ'입니다. 이렇게 이름이 1자인 경우는 'ㅊ'의 성격이 강하게 나타나고, 아울러 성(姓)의 초성 'ㄱ'의 성격도 강하게 나타납니다. 그래서 「강철」의 외부로 나타나는 표면적인 성격은 고집과 아집이 매우 강하게 나타나게 되는 것입니다. 그러나 「강철」의 이름은 종성이 'ㅇ'과 'ㄹ'로 구성되어 있기 때문에 내면적인 성격은 부드러움과 합리적인 성격으로 나타납니다.

| 이름에 꼭 필요한 자음 | 비 중 |
|---|---|
| 'ㄴ' 계열과 'ㅇ' 계열 | 약 30% 이상 |

1) 앞에서 기술한바와 같이, 'ㄱ'계열, 'ㅁ'계열, 'ㅅ'계열의 자음들은 강한 성격으로 나타나는 반면, 'ㄴ'계열과 'ㅇ'계열은 부드럽고 따듯하며 합리적이고 유연한 성격으로 나타납니다.

2) 인간은 사회적 동물이기 때문에 단 하루도 자신의 주변 사람들과 교감을 나누지 않고는 살아갈 수 없는 존재입니다. 이때 사람들 간의 교감을 위한 필요조건은 부드러움과 합리성 등이 될 것입니다.

그러기 위해서는 이름에 'ㄴ'계열과 'ㅇ'계열의 자음이 반드시 필요하며, 그 비중은 최소 약 30% 이상 되어야 할 것입니다. 이름에서 'ㄴ'계열과 'ㅇ'계열의 자음이 30 %이상 되기 위해서는 자음의 총 개수가 5개나 6개라면 최소한 2개 정도 되어야 할 것이고, 자음의 총 개수가 3개 이하라면 최소한 1개 정도 되어야 할 것입니다.

3) 만약 'ㄴ'계열과 'ㅇ'계열의 자음이 약 30% 정도 미치지 못하는 이름을 쓰는 사람들은 부드러움이나 합리성이 다소 떨어져, 고지식하고 경직되고 기계적이고 여백이 부족한 성격으로 나타날 수 있습니다.

따라서 이들은 상대방을 배려하거나 상대방의 아픔을 함께하거나 친절을 베푸는 등의 인간미나 공감능력이 다소 부족할 수 있습니다. 이런 사람들은 이런 점을 감안하여 자신의 부족한 부분을 보완하는 노력을 꾸준히 하면서 세상을 살아가는 것이 좋을 것입니다.

그렇지 않으면 이들의 주위에는 이들과 함께 마음을 나눌 사람이 남아있지 않게 될 것이고, 그로 인해 이들은 언제나 외로운 일생을 살아갈 수도 있습니다.

# 정치지도자 이름의 조건

### 제1조건

모음이 음양의 조화가 되어야 합니다.

### 제2조건

전체 자음 중에서 'ㄴ'계열과 'ㅇ'계열의 비중이 최소 30%이상 되어야 합니다.

### 제3조건

초성에 'ㄴ'계열이나 'ㅇ'계열이 최소 1개 이상 있어야 합니다.

### 제4조건

초성에 'ㅁ'계열과 'ㅅ'계열이 2개 이상 연속되는 것을 피하는 것이 좋습니다.

1) 앞에서 기술한 바와 같이, 한글의 모음이 사람의 중심적인 성격을 결정하고 전체 이름의 비중에서 약 60% 이상이라고 하였습니다. 그 이유가 바로 이 모음이 사람의 희로애락(喜怒哀樂)에 가장 크게 영향을 미치기 때문입니다.

2) 정치지도자 이름의 제1조건은 모음의 음양의 조화입니다. 정치지도자라면 국민의 기쁨과 노여움, 슬픔과 즐거움을 함께 할 수 있어야 합니다. 그런데 이름의 모음이 양성만이나 음성만으로 구성되어 있으면 편협한 사고와 고집으로 한쪽만을 바로보고, 자신을 비판하는 반대편의 소리에 귀를 닫아버리거나 오히려 그들을 탄압하기 때문에 정치지도자의 이름으로는 적합하지 않습니다.

다행히, 우리나라 국민은 역대 대통령 중에 이승만을 제외한, 다른 모든 대통령을 음양의 조화를 갖춘 지도자를 선택하였습니다. 이승만의 이름은 중성과 양성으로만 구성되어 있는 반면, 그 외 '윤보선', '박정희', '최규하', '전두환', '노태우', '김영삼', '김대중', '노무현', '이명박', '박근혜'에 이르기까지 모든 대통령의 이름은 음양의 조화가 잘 갖춰져 있음을 알 수 있습니다.

3) 정치지도자 이름의 제2조건은 전체 자음 중에서 'ㄴ'계열과

'ㅇ'계열의 비중이 30%이상 되어야 합니다. 그 이유는 앞에서 언급한 바와 같이, 이들 자음은 부드러움과 합리적인 성격으로 나타나기 때문입니다. 만약 어떤 사람의 이름에서 이들 자음의 비중이 약 30% 이상 되지 않을 경우, 그 사람의 인간성은 매우 고지식하고 기계적이고 경직되어 인간미나 공감능력이 부족할 가능성이 높습니다. 이로 인해, 그는 국민의 의견이나 참모들의 의견을 철저히 무시할 가능성이 높아질 수 있습니다.

우리나라 이름은 성(姓)을 합쳐 3자가 대부분입니다. 이 경우, 자음의 수는 최대 6개에서 최소 3개입니다. 만약 자음의 수가 6개라면 'ㄴ'계열과 'ㅇ'계열의 자음이 최소 2개가 되어야 하고, 자음의 수가 3개라면 최소 1개가 되어야 합니다.

우리나라 역대 대통령의 이름은 이 제2조건을 모두 충족하고 있습니다. '이승만'의 이름은 'ㅇ'이 2개, 'ㄴ'이 1개이므로 자음의 총수 5개 중에 3개(60%)입니다. 이처럼 '윤보선' 3개(60%), '박정희' 2개(40%), '최규하' 1개(33%), '전두환' 4개(80%), '노태우' 3개(100%), '김영삼' 2개(33%), '김대중' 2개(40%), '노무현' 3개(75%), '이명박' 2개(40%), '박근혜' 2개(33%)로 구성되어 있음을 알 수 있습니다.

4) 정치지도자 이름의 제3조건은 초성에 'ㄴ'계열이나 'ㅇ'계열이 최소 1개 이상 있어야 합니다. 그 이유는 앞의 제2조건과 같기 때문입니다. 만약 외부로 나타나는 표면적인 성격이 부드러움이나 합리성이 결여되어 있으면 국민과 소통하려 하지 않을 가능성이 높고, 이로 인해 국민의 삶의 질은 낮아질 가능성이 매우 높아집니다.

5) 정치지도자 이름의 제4조건은 초성에 'ㅁ'계열과 'ㅅ'계열이 2개 이상 연속되는 것을 피하는 것이 좋습니다. 그 이유는 외부로 나타나는 표면적인 성격이 고집과 아집이 너무 강할 가능성이 높아져 국민과 소통하거나 대타협보다는 독선이나 독재로 이어질 가능성이 높기 때문입니다.

우리나라 역대 대통령 중에는 이 제4조건을 충족하지 못한 대통령이 '이승만', '윤보선', '박정희', '이명박' 등 4명 있습니다. 우리나라뿐 아니라, 다른 나라의 경우에서도 쉽게 찾아볼 수 있습니다. 미국의 '조지 부시' 대통령, 일본의 '아베 신조' 수상, 중국의 '시진핑' 주석 등이 있고, 이들의 정책이나 노선을 살펴보면 그 이유를 충분히 알 수 있을 것입니다.

# 10  경영인 이름의 조건

제1조건

이름 첫 자의 모음이 음성이고, 전체적으로도 음성의 비중이 높아야 합니다.

제2조건

전체 자음 중에서 'ㄴ'계열과 'ㅇ'계열의 비중이 최소 30%이상 되어야 합니다.

제3조건

초성에 'ㄴ'계열이나 'ㅇ'계열이 최소 1개 이상 있어야 합니다.

제4조건

이름의 초성에 'ㄱ'계열, 'ㅁ'계열, 'ㅅ'계열이 1개 이상 있으면 좋습니다.

1) 경영인 이름의 제1조건은 이름 첫 자의 모음이 음성이고, 전체적으로도 음성의 비중이 높아야 합니다. 경영인이라면 자신의 기분에 따라 경영을 하는 것을 극히 자제해야 합니다. 경영인은 참고 인내하며, 기업의 비밀을 함부로 발설해서는 곤란합니다. 그리고 종업원들의 고충을 넓은 마음으로 헤아려야 합니다. 이 조건을 충족하기 위한 가장 중요한 조건이 이름 첫 자의 모음이 음성인 'ㅓ', 'ㅕ', 'ㅜ', 'ㅠ' 이어야 하고, 전체적으로도 음성의 비중이 높아야 합니다.

예를 들어, 우리나라에서 경영인으로 가장 유명한 사람을 꼽으라면 삼성그룹을 창업한 이병철과 현대그룹을 창업한 정주영을 들 수 있습니다. 이들의 이름은 공통적으로 모음이 성(姓)을 제외하고는 모두 음성으로만 구성되어 있다는 사실입니다. 현재도 재계를 이끌고 있는 '이건희', '정몽구', '신격호' 등을 살펴보더라도 음성의 비중이 높은 경우가 대부분입니다. 전문 경영인의 경우는 이 조건을 충족하지 않는 사람들도 많이 있습니다.

2) 경영인 이름의 제2조건과 제3조건은 정치지도자 이름의 제2조건과 제3조건과 같습니다. 사람은 누구나 비슷한 감정을 가지므로 인간미나 공감능력이 부족한 경영인과는 함께하지 않으려고 하기

때문입니다.

3) 경영인 이름의 제4조건은 이름의 초성에 'ㄱ'계열, 'ㅁ'계열, 'ㅅ'계열이 1개 이상이어야 합니다. 그 이유는 이들 자음을 쓰지 않는 경우 경영을 책임지고 있는 자신이 자신의 주장을 임원이나 직원들에게 관철하지 못하고 그들에게 휘둘려 경영의 목표나 방향이 흔들릴 가능성이 높아질 수 있기 때문입니다.

# 제 2 장

# 유명인들의 이름분석

한국인

세계인

# 한국인

세종대왕(이도)

추사 김정희

안중근

# 1. 세종대왕(이도) [1397 ~ 1450]

### 표면적인 성격

1차적인 영향은 'ㄷ'이고, 2차적인 영향은 'ㅇ'입니다. 이 'ㄷ'과 'ㅇ'은 평화주의, 박애주의, 이상주의, 합리주의 등을 추구하는 성격으로 주로 나타납니다.

### 중심적인 성격

1차적인 영향은 'ㅗ'이고, 2차적인 영향은 'ㅣ'입니다. 'ㅗ'는 "밝고 도전적이고 돌출적이며, 임기응변이 강하고 급하고 가벼우며, 기분에 좌우되고, 경제운영이 철저하지 못하고, 빨리 일을 끝내는 등의 성격"으로 주로 나타나며, 'ㅣ'는 "중립적이고 균형을 갖춘 성격"으로 주로 나타납니다.

### 내면적인 성격

종성이 없기 때문에 표면적인 성격의 영향을 약 30% 정도만 받을 정도로 대체로 복잡하지 않은 단순한 성격으로 주로 나타납니다.

**전체적인 성격**

대체로 밝고 도전적이며 평화주의, 박애주의, 이상주의, 합리주의 등을 추구하는 성격입니다.

그리고 모음이 음양의 조화가 되어 있지 않아 감정의 폭이 넓지 않고 약간 양성으로 편중될 가능성이 있는 성격입니다.

---

1) 「세종대왕」의 성격에 대해 좀 더 자세히 살펴보도록 하겠습니다.

2) 세종대왕의 본명은 「이도」이고, 조선조 제4대 임금으로서 성군으로 칭송받고 있는 분입니다. 세종의 업적은 그 누구도 따라올 수 없는 정도로 많습니다.

3) 세종대왕의 본명인 「이도」에서 전체적인 성격에 가장 영향을 많이 미치는 1차적인 글자가 바로 가장 강하고 가장 많이 불리는 이름의 「도」 자이고, 그 다음이 성(姓)의 「이」 자입니다. 일반적으로 이름이 2자 이상인 경우는 이름이 성격에 미치는 영향이 약 70%이고 성(姓)은 약 30%입니다. 그런데 「이도」는 성(姓)과 이름이 각각 1자씩이므로 「이도」를 어떻게 부르느냐에 따라 50:50의 비율로 영향을 미칠 수도 있습니다.

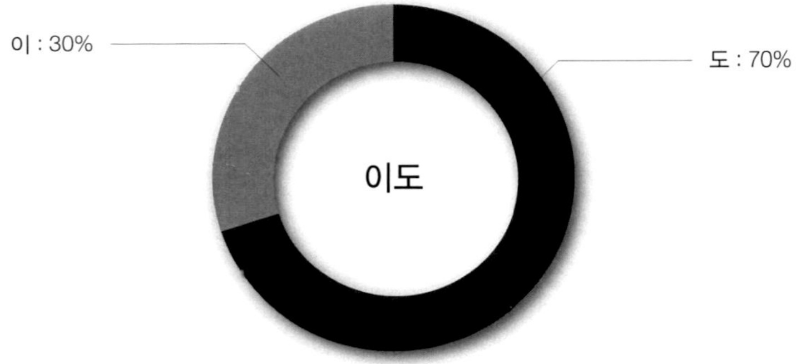


**전체적인 성격에 가장 영향을 많이 미치는 글자**

4) 이 「도」 자와 「이」 자를 구분해서 세부적으로 살펴보면,

가장 영향을 많이 미치는 「도」 자에서, 세종의 중심적인 성격으로 나타나는 모음 'ㅗ'는 「도」 자 내에서 그 영향력은 약 60%입니다. 이 'ㅗ'는 "밝고 환하며, 적극적이고 돌출적이며, 임기응변이 뛰

어나며, 급하고 가벼우며, 속마음을 잘 감추지 못하며, 빨리 일을 끝내려고 하는 등의 성격"으로 주로 나타납니다.

모음 'ㅗ'를 보조해주는 초성의 자음 'ㄷ'은 세종의 표면적인 성격으로 주로 나타나고, 「도」 자 내에서 그 영향력이 약 40%입니다. 이 'ㄷ'은 "다양하고 폭 넓은 분야에 관심이 많고, 사고와 행동이 부드럽고 따듯하고 유연하며, 일처리가 다소 느리거나 철저하지 못하며, 마음의 상처를 쉽게 받으며, 사회문제에 관심이 많으나 비교적 현실과 쉽게 타협하는 등 평화주의, 박애주의, 이상주의 등을 추구하는 등의 성격"으로 주로 나타납니다.

그리고 이 「도」 자는 종성이 없는 글자이므로 세종의 내면적인 성격은 초성의 'ㄷ'에서 약 30% 정도의 영향을 받으므로 복잡하지 않은 단순한 성격이라고 할 수 있습니다.

그 다음으로 영향을 미치는 「이」 자에서, 세종의 중심적인 성격으로 나타나는 모음 'ㅣ'는 「이」 자내에서 그 영향력은 약 60%입니다. 이 'ㅣ'는 "모든 면에서 중립적이고 균형을 갖춘 성격"으로 주로 나타납니다.

모음 'ㅣ'를 보조해주는 초성의 자음 'ㅇ'은 세종의 표면적인 성격으로 주로 나타나고, 「이」자 내에서 그 영향력이 약 40%입니다. 이 'ㅇ'은 "사고가 종합적이고 합리적이고 그 폭도 넓으며, 상대방의 의견을 합리적으로 조율하며, 행동은 의연하며, 일처리는 합리적으로 처리하며, 사회문제도 합리적으로 접근하는 등 대체로 합리주의, 평화주의, 이상주의 등을 추구하는 성격"으로 주로 나타납니다.

그리고 이 「이」자는 종성이 없는 글자이므로 세종의 내면적인 성격은 초성의 'ㅇ'에서 약 30% 정도의 영향을 받으므로 복잡하지 않는 단순한 성격이라고 할 수 있습니다.

5) 세종대왕인 「이도」의 성격을 종합해보면, 중심적인 성격은 'ㅗ'의 성격과 'ㅣ'의 성격이 복합적으로 나타나나 'ㅗ'의 성격이 조금 더 많이 나타납니다. 이러한 중심적인 성격을 근간으로 하면서, 표면적인 성격은 'ㄷ'의 성격과 'ㅇ'의 성격이 복합적으로 나타나나 'ㄷ'의 성격이 조금 더 많이 나타납니다. 그리고 내면적인 성격은 표면적인 성격과 유사하나 대체로 단순한 편입니다.

세종대왕은 자음이 'ㄷ'과 'ㅇ'만으로 구성되어 있어, 표면적인 성격과 내면적인 성격이 아주 인간적이며 부드럽고 유연한 성격이라고 할 수 있습니다.

세종대왕이 이런 부드럽고 유연한 성격을 가졌기에 국가운영의 모든 정책이나 중요사안을 결정하고 시행함에 있어 자신이 비록 군주라고 하더라도 자신의 의견이나 주장을 강하게 밀어붙이는 식으로 운영하지 않았다고 볼 수 있습니다. 그는 언제나 자신의 주변 사람들이나 대신들과 토론이나 의견조율을 통해 최적의 합리적인 정책과 사안을 도출하여 시행하였을 것으로 보입니다. 군주가 이런 식으로 모든 것을 판단하고 처결(處決)하였기 때문에 나라는 태평성대를 이루었고, 백성들은 평안하였을 것입니다.

6) 이러한 세종대왕의 성격은 자칫 자유분방하고 호탕하며 평화주의, 박애주의, 이상주의만을 좇는 그저 그렇고 그런 인심 좋고 착한 사람으로 살아갈 수도 있었습니다. 그러나 세종대왕은 어릴 때부터 엄격한 궁궐의 법도와 통제된 생활을 잘 적응하고 소화하였기 때문에 이름에 나타난 성격의 장점을 마음껏 펼쳐 한글 창제는 물론 역사, 지리, 정치, 경제, 천문, 도덕, 예의, 운학, 문학, 종교, 군사, 농사, 의약, 음악 등에 많은 분야에 탁월한 업적을 남긴 위대한 성군이 되었다고 할 수 있을 것입니다.

# 2. 추사 김정희 [1786 ~ 1856]

## 표면적인 성격

1차적인 영향은 'ㅈ'(약 28%=약 40%×0.7)이고, 2차적인 영향은 'ㅎ'(약 21%=약 30%×0.7)이며, 3차적인 영향은 'ㄱ'(약 21%=약 30%×0.7)입니다. 그리고 4차적인 영향은 종성의 'ㅇ'(약 21%=약 70%×0.3)과 'ㅁ'(약 9%=30%×0.3)입니다.

이 'ㅈ'은 'ㄱ', 'ㅁ'과 결합하여 고집과 아집이 더욱 강해져 자신의 목표와 목적달성에 매진하고, 사고체계는 자기중심주의, 원칙주의, 현실주의 등으로 주로 나타나게 됩니다.

그리고 'ㅎ'과 'ㅇ'의 합리성, 유연성, 원만함 등이 'ㅈ', 'ㄱ', 'ㅁ'의 고지식하고 경직되고 기계적이고 여백이 없는 면을 완화시켜주는 역할을 합니다.

결국, 표면은 강함이 약 58%이고 유연함이 약 42% 정도입니다.

## 중심적인 성격

1차적인 영향은 'ㅓ'이고, 2차적인 영향은 'ㅡ'와 'ㅣ'입니다.

'ㅓ'는 "어둡고, 신중하고, 참을성이 강하고, 무게 잡고, 말이 적고, 과묵하고, 경제운용이 철저하고, 속마음을 잘 드러내지 않고, 변화를 싫어하는 등의 성격"으로 주로 나타나고, 'ㅡ'와 'ㅣ'는 "중립적이고 균형을 갖춘 성격"으로 주로 나타납니다.


## 내면적인 성격

1차적인 영향은 'ㅇ'(약 49%=약 70%×0.7)이고, 2차적인 영향은 'ㅁ'(약 21%=30%×0.7)입니다. 그리고 3차적인 영향은 초성의 'ㅈ'(약 12%=약 40%×0.3), 'ㅎ'(약 9%=약 30%×0.3), 'ㄱ'(약 9%=약 30%×0.3)입니다.

결국, 내면은 유연함이 약 58%이고 강함이 약 42% 정도입니다.


## 전체적인 성격

성격이 대체로 어둡고 신중한 편이며, 자기중심주의, 합리주의, 원칙주의, 현실주의 등이 복합적으로 나타나는 성격이며, 모음이 음양의 조화가 되어 있지 않아 감정의 폭이 그리 넓지 않고 음성으로 편중될 가능성이 높습니다.

---

1) 「추사」의 성격에 대해 좀더 자세히 살펴보도록 하겠습니다.

2) 「김정희」는 추사체라고 불리는 최고의 글씨를 남겼고, 세한 도로 대표되는 그림과 시와 산문에 이르기까지 학자와 예술가로 서 최고의 경지에 이른 19세기 대표적인 인물입니다. 또한 금석학 연구에서도 타의 추종을 불허하는 업적을 남겼고, 전각(篆刻) 또한 최고의 기술을 가진 천재적인 예술가입니다.

3) 이름 「김정희」에서, 전체적인 성격에 가장 영향을 많이 미치 는 글자가 바로 가장 강하고 가장 많이 불리는 이름의 첫 자인 「정」자이고 그 정도는 약 40%이며, 그 다음이 이름의 둘째 자인 「희」자이고 그 정도는 약 30%이며, 그 다음이 성(姓)인 「김」자 이고 그 정도는 약 30%가 되는 것입니다. 결국, 김 : 정 : 희 = 약

30% : 약 40% : 약 30%의 비중으로 영향을 미치게 되는 것입니다.

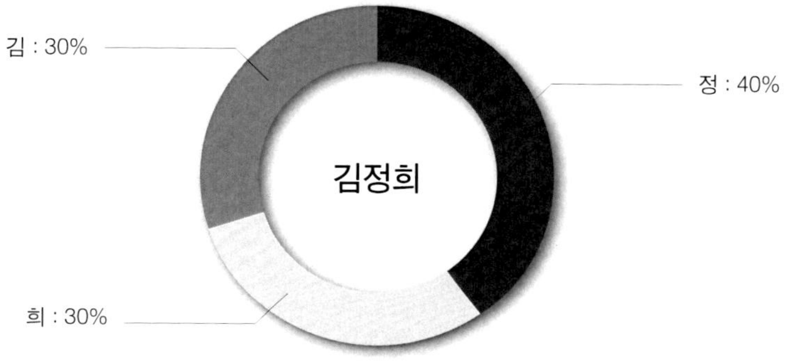


전체적인 성격에 가장 영향을 많이 미치는 글자

4) 이 「정」자, 「희」자, 「김」자를 구분해서 세부적으로 살펴보면,

가장 영향을 많이 미치는 「정」자에서, 추사의 중심적인 성격으로 나타나는 모음 'ㅓ'는 「정」자 내에서 그 영향력은 약 60%입니다.

이 'ㅓ'는 "표정은 어둡고, 행동은 신중하고 참을성이 강하며, 자기표현이 서투르고 말이 적고 과묵하며, 책임감이 강하며, 운동은 지구력을 요하는 종목을 선호하며, 경제운용이 철저하며, 속마음을 잘 드러내지 않으며, 사회의 급격한 변화를 싫어하며, 한 가지 일에 오래 지속하는 등의 성격"으로 주로 나타납니다.

모음 'ㅓ'를 보조해주는 초성의 자음 'ㅈ'은 추사의 표면적인 성격으로 주로 나타나고, 종성의 자음 'ㅇ'은 추사의 내면적인 성격으로 주로 나타나며 「정」자 내에서 그 영향력은 약 40%입니다.

이 'ㅈ'은 "사고의 폭은 좁고, 자신의 관심사항에 대해서는 확실하고 철저하며, 자기중심으로 대화하고 집착이 강하며, 행동이 거칠거나 강하며, 남을 의식하지 않는 등 대체로 자기중심주의와 현실주의 등을 추구하는 성격"으로 주로 나타납니다.

그리고 'ㅇ'은 "사고가 종합적이고 합리적이고 그 폭도 넓으며, 상대방의 의견을 합리적으로 조율하며, 행동은 의연하고 일처리는 합리적이며, 사회문제도 합리적으로 접근하는 등 대체로 합리주의, 평화주의, 이상주의 등을 추구하는 성격"으로 주로 나타납니다.

「정」자 내에서 초성 'ㅈ'과 종성 'ㅇ'의 비중은 약 70 : 30으로, 'ㅈ'의 영향력이 아주 크게 나타납니다.

그 다음으로 영향을 미치는 「희」자에서, 추사의 중심적인 성격으로 나타나는 모음 'ㅡ'와 'ㅣ'는 「희」자 내에서 그 영향력은 약

60%입니다. 이 '一'와 'ㅣ'는 "모든 면에서 중립적이고 균형을 갖춘 성격"으로 주로 나타납니다.

모음 '一'와 'ㅣ'를 보조해주는 초성의 자음 'ㅎ'은 추사의 표면적인 성격으로 주로 나타나고, 「희」자 내에서 그 영향력은 약 40%입니다. 이 'ㅎ'은 "ㅇ의 성격보다 조금 더 합리적인 성격"으로 주로 나타납니다.

그리고 이 「희」자는 종성이 없는 글자이므로 추사의 내면적인 성격은 초성의 'ㅎ'에서 약 30% 정도의 영향을 받으므로 복잡하지 않은 단순한 성격이라고 할 수 있습니다.

그 다음으로 영향을 미치는 「김」자에서, 추사의 중심적인 성격으로 나타나는 모음 'ㅣ'는 「김」자 내에서 그 영향력은 약 60%입니다. 이 'ㅣ'는 "모든 면에서 중립적이고 균형을 갖춘 성격"으로 주로 나타납니다.

모음 'ㅣ'를 보조해주는 초성의 자음 'ㄱ'은 추사의 표면적인 성격으로 주로 나타나고, 종성의 자음 'ㅁ'은 추사의 내면적인 성격으로 주로 나타나며 「김」자 내에서 그 영향력은 약 40%입니다.

이 'ㄱ'은 "기초분야에 관심이 많고 생각이 깊어서 의문이 많으며, 집착이 강하고 원칙에 치중하며, 남을 너무 의식하는 경향이 있고 긴장하거나 걱정이 많으며, 계산적이고 분석적이며, 사회문제에도 많은 관심을 가지며, 감정적이거나 감성적인 등 대체로 자기중심주의와 원칙주의 등의 성격"으로 주로 나타납니다.

그리고 'ㅁ'은 "폭 넓은 관심보다 범위를 정하여 관심을 가지고 자신의 관심분야가 분명하고 완벽하며, 언행일치하고 일처리가 완벽하며, 사회문제에 참여하면 분명히 하는 등 대체로 자기중심주의, 완벽주의, 현실주의 등을 추구하는 성격"으로 주로 나타납니다.

「김」자 내에서 초성 'ㄱ'과 종성 'ㅁ'의 비중은 약 70 : 30으로, 'ㄱ'의 영향력이 아주 크게 나타납니다.

5) 추사 「김정희」의 성격을 종합해보면, 중심적인 성격은 'ㅓ'의 성격과 'ㅡ'와 'ㅣ'의 성격이 복합적으로 나타나나 'ㅡ'와 'ㅣ'의 성격이 약 60%로 조금 더 많이 나타납니다. 이렇게 추사의 중심적인 성격은 균형 잡힌 성격이기는 하나 음성적인 성격이 많이 나타날 수 있습니다. 추사는 이런 중심적인 성격을 근간으로, 표면적인 성격은 'ㅈ', 'ㅎ', 'ㄱ', 'ㅇ', 'ㅁ'의 성격이 복합적으로 나타나나 'ㅈ',

'ㄱ', 'ㅁ'의 강한 성격이 약 58%로 조금 더 많이 나타납니다. 그리고 내면적인 성격은 표면적인 성격과 달리 'ㅇ', 'ㅎ'의 유연한 성격이 약 58%로 조금 더 많이 나타납니다.

추사는 자음 'ㅈ', 'ㅎ', 'ㄱ', 'ㅇ', 'ㅁ' 5개 중에 'ㅇ', 'ㅎ'이 2개로 약 40%이므로 부드럽고 유연한 인간미가 있는 성격이라고 할 수 있습니다.


6) 이런 추사의 성격은 자신이 추구하고자 하는 목표를 향해 신중함과 인내심에다 강한 집념과 유연함이 더해져 그 목표를 향해 나아간 결과, 자신만의 독창적인 추사체를 완성하였다고 할 수 있습니다. 그 밖에도 추사는 세한도, 금석학, 전각 등에 이르기까지 학자와 예술가로서의 높은 경지에 이르렀다고 볼 수 있습니다.

대체로, 이름의 초성에 'ㅅ'계열과 'ㅇ'계열이 합쳐지면, 필체나 서체가 힘이 넘치면서 유연하고 아름다울 수 있는 특징이 있습니다.

그리고 사람의 음성에서도 청아하고 맑고 아름답고 고운 격조 높은 소리를 내는 특징이 있습니다. 가수 중에 대표적으로 '윤형주', '김세환', '이선희', '정현철(서태지)', '박정현' 등 수많은 사람들이 있습니다.

## 표면적인 성격

1차적인 영향은 'ㅈ'(약 28%=약 40%×0.7)이고, 2차적인 영향은 'ㄱ'(약 21%=약 30%×0.7)이며, 3차적인 영향은 'ㅇ'(약 21%=약30%×0.7)입니다. 그리고 4차적인 영향은 종성의 'ㅇ'(약 12%=약 40%×0.3)과 'ㄴ'(약 18%=30%×0.3×2)입니다.

이 'ㅈ'은 'ㄱ'과 결합하여 고집과 아집이 더욱 강해져 자신의 목표와 목적달성에 매진하고, 사고체계는 자기중심주의, 현실주의, 원칙주의 등으로 주로 나타납니다.

그리고 'ㅇ'과 'ㄴ'의 합리성, 유연성, 부드러움 등이 'ㅈ', 'ㄱ'의 고지식하고 경직되고 여백이 없는 면을 많이 완화시켜주는 역할을 합니다.

결국, 표면은 강함이 약 49%이고 유연함과 부드러움이 약 51% 정도가 됩니다.

## 중심적인 성격

1차적인 영향은 'ㅜ'이고, 2차적인 영향은 'ㅡ'이고, 3차적인 영향은 'ㅏ'입니다.

'ㅜ'는 "어둡고 무거우며, 아주 신중하고, 참을성이 강하고, 말이 적고, 아주 과묵하고, 경제운용이 철저하고, 속마음을 잘 드러내지 않고, 변화를 싫어하는 등의 성격"으로 주로 나타나며,

'ㅡ'는 "중립적이고 균형을 갖춘 성격"으로 나타나며, 'ㅏ'는 "밝고, 도전적이고, 돌출적이고, 임기응변이 뛰어나고, 급하고, 가볍고, 기분에 좌우되고, 경제운영이 철저하지 못하고, 빨리 일을 끝내는 등의 성격"으로 주로 나타납니다.

## 내면적인 성격

1차적인 영향은 'ㅇ'(약 28%=약 40%×0.7)이고, 2차적인 영향은 'ㄴ'(약 42%=30%×0.7x2)입니다. 그리고 3차적인 영향은 초성의 'ㅈ'(약 12%=약 40%×0.3), 'ㄱ'(약 9%=약 30%×0.3), 'ㅇ'(약 9%=약 30%×0.3)입니다.

결국, 내면은 유연함과 부드러움이 약 79%이고 강함이 약 21%정도가 됩니다.

## 전체적인 성격

성격이 무겁고 신중한 면과 밝고 적극적인 면이 균형을 이루고 있고, 자기중심주의, 원칙주의, 합리주의, 평화주의, 박애주의, 이상주의 등이 복합적으로 나타나는 성격이며, 모음이 음양의 조화가 잘 되어 있어 어느 한쪽으로 치우치지 않고, 감정의 폭이 아주 넓은 편입니다.

※ 초성의 자음은 표면적인 성격에 70%를, 내면적인 성격에 30%를 각 영향을 미치고, 종성의 자음은 내면적인 성격에 70%를, 표면적인 성격에 30%를 각 영향을 미칩니다.

---

1) 「안중근」의 성격에 대해 좀 더 자세히 살펴보도록 하겠습니다.


2) 「안중근」은 조선 말기의 교육가이자, 의병장이자, 의사(義士)이십니다. 그는 1909년 의병참모중장의 자격으로 하얼빈 역에서 침략의 원흉 이토 히로부미를 저격 사살한 후, 1910년 여순감옥 형장에서 순국하셨던 분입니다. 그리고 그가 어릴 때는 「안응칠」

로 불리기도 하였습니다.


3) 이름「안중근」에서, 전체적인 성격에 가장 영향을 많이 미치는 글자가 바로 가장 강하고 가장 많이 불리는 이름의 첫 자인 「중」자이고 그 정도는 약 40%이며, 그 다음이 이름의 둘째자인 「근」자이고 그 정도는 약 30%이며, 그 다음이 성(姓)인 「안」자이고 그 정도는 약 30%가 되는 것입니다. 결국, 안 : 중 : 근 = 약 30% : 약 40% : 약 30%의 비중으로 영향을 미치게 되는 것입니다.

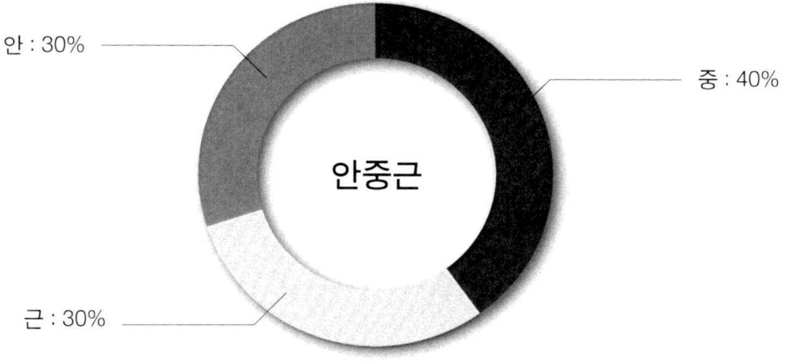


전체적인 성격에 가장 영향을 많이 미치는 글자


4) 이 「중」자, 「근」자, 「안」자를 구분해서 세부적으로 살펴보면,


가장 영향을 많이 미치는 「중」자에서, 의사의 중심적인 성격

으로 나타나는 모음 'ㅜ'는 「중」자 내에서 그 영향력은 약 60%
입니다.

이 'ㅜ'는 "표정은 어둡고 무거우며, 행동은 아주 신중하고 참을
성이 강하며, 자기표현이 서투르고 말이 적고 아주 과묵하며, 책임
감이 강하며, 운동은 지구력을 요구하는 종목을 선호하며, 경제운
용은 철저하며, 속마음을 잘 드러내지 않으며, 사회의 급격한 변화
를 좋아하지 않으며, 한 가지 일에 오래 지속하는 등의 성격"으로
주로 나타납니다.

모음 'ㅜ'를 보조해주는 초성의 자음 'ㅈ'은 의사의 표면적인 성격
으로 주로 나타나고, 종성의 자음 'ㅇ'은 의사의 내면적인 성격으
로 주로 나타나며 「중」자 내에서 그 영향력은 약 40%입니다.

이 'ㅈ'은 "사고의 폭은 좁은 편이며, 자신의 관심사항에 대해서
는 확실하고 철저하더 자기중심으로 대화하는 것을 좋아하며, 집
착이 강하며, 행동이 거칠거나 강하며, 남을 의식하지 않는 등 대
체로 자기중심주의, 현실주의 등을 추구하는 성격"으로 주로 나
타납니다.

그리고 'ㅇ'은 "사고가 종합적이고 합리적이고 그 폭도 넓으며, 상대방의 의견을 합리적으로 조율하며, 행동은 의연하며, 일처리는 합리적이며, 사회문제도 합리적으로 접근하는 등 대체로 합리주의, 평화주의, 이상주의 등을 추구하는 성격"으로 주로 나타납니다.

「중」자 내에서 초성 'ㅈ'과 종성 'ㅇ'의 비중은 약 70 : 30으로, 'ㅈ'의 영향력이 아주 크게 나타납니다.

그 다음으로 영향을 미치는 「근」자에서, 의사의 중심적인 성격으로 나타나는 모음 'ㅡ'는 「근」자 내에서 그 영향력은 약 60%입니다. 이 'ㅡ'는 "모든 면에서 중립적이고 균형을 갖춘 성격"으로 주로 나타납니다.

모음 'ㅡ'를 보조해주는 초성의 자음 'ㄱ'은 의사의 표면적인 성격으로 주로 나타나고, 종성의 자음 'ㄴ'은 의사의 내면적인 성격으로 주로 나타나며 「근」자 내에서 그 영향력은 약 40%입니다.

이 'ㄱ'은 "기초분야에 관심이 많고 생각이 깊어서 의문이 많으며, 집착이 강하고 원칙에 치중하며, 남을 너무 의식하는 경향이 있으며, 긴장하거나 걱정이 많으며, 계산적이고 분석적이며, 사회문제에도 많은 관심을 가지고 있으며, 감정적이거나 감성적인 등 대체로 자기중심주의와 원칙주의 등의 성격"으로 주로 나타납니다.

그리고 'ㄴ'은 "다양하고 폭 넓은 분야에 관심이 많으며, 사고와 행동이 부드럽고 따듯하고 유연하며, 일처리가 다소 느리거나 철저하지 못하며, 마음의 상처를 쉽게 받으며, 사회문제에 관심이 많으나 비교적 현실과 쉽게 타협하는 등 평화주의, 박애주의, 이상주의 등을 추구하는 성격"으로 주로 나타납니다.

「근」자 내에서 초성 'ㄱ'과 종성 'ㄴ'의 비중은 약 70 : 30으로, 'ㄱ'의 영향력이 아주 크게 나타납니다.

그 다음으로 영향을 미치는 「안」자에서, 의사의 중심적인 성격으로 나타나는 모음 'ㅏ'는 「안」자 내에서 그 영향력은 약 60%입니다. 이 'ㅏ'는 "표정이 밝고 적극적이고 도전적이며, 임기응변이 뛰어나며, 급하고 가볍고 기분에 좌우되며, 속마음을 잘 감추지 못하며, 경제관념이 철저하지 못하며, 빨리 일을 끝내려고 하는 등의 성격"으로 주로 나타납니다.

모음 'ㅏ'를 보조해주는 초성의 자음 'ㅇ'은 의사의 표면적인 성격으로 주로 나타나고, 종성의 자음 'ㄴ'은 의사의 내면적인 성격으로 주로 나타나며 「안」자 내에서 그 영향력은 약 40%입니다.

이 'ㅇ'은 앞의 「중」자의 'ㅇ'과 같고, 'ㄴ'은 「근」자의 'ㄴ'과 같습니다. 「안」자 내에서 초성 'ㅇ'과 종성 'ㄴ'의 비중은 약 70 : 30으로, 'ㅇ'의 영향력이 아주 크게 나타납니다.

5) 의사 「안중근」의 성격을 종합해보면, 중심적인 성격은 'ㅜ'의 성격과 'ㅡ'의 성격과 'ㅏ'의 성격이 복합적으로 나타나며, 'ㅜ' : 'ㅡ' : 'ㅏ' = 약 40% : 약 30% : 약 30%로 나타납니다. 이렇게 의사의 중심적인 성격은 어느 한쪽으로 치우치지 않는 균형 잡힌 성격을 가지고 있다고 할 수 있습니다. 의사는 이런 중심적인 성격을 근간으로, 표면적인 성격은 'ㅈ', 'ㄱ', 'ㅇ', 'ㄴ'의 성격이 복합적으로 나타나며, 'ㅈ'과 'ㄱ'의 강함이 약 49%이고, 'ㅇ'과 'ㄴ'의 유연함과 부드러움이 약 51%로 비슷하게 나타납니다. 그리고 내면적인 성격은 표면적인 성격과 달리 'ㅇ'과 'ㄴ'의 유연함과 부드러움이 약 79%로 많이 나타납니다.

의사는 자음 'ㅈ', 'ㄱ', 'ㅇ', 'ㄴ' 총 6개 중에 'ㅇ'과 'ㄴ'이 4개로 약 67%의 비중을 차지하므로 유연하고 원만하고 부드럽고 남을 배려하고 친절을 베푸는 등의 인간미가 넘치는 성격이라고 할 수 있습니다.

6) 이런 의사의 성격은 자신이 추구하고자 하는 목표를 향해 신중함과 인내심에다 강한 집념과 원칙, 유연함 등이 더해져 그 목표를 이루어 나아갔다고 할 수 있습니다. 의사는 결코 순간적인 감정에 의해 의병을 일으키고 하얼빈 역에서 침략의 원흉 '이토 히로부미'를 저격 사살한 것이 아니라는 것을 알 수 있습니다.

의사는 냉정하고 신중한 판단으로 나라 잃은 백성으로서 마땅히 독립을 위해 의병을 일으켰다고 볼 수 있습니다. 또한 세계 평화와 동북아 평화를 위해서는 의병참모중장의 자격으로 침략의 원흉을 저격 사살하는 것이 마땅하다는 강한 신념이 있었기 때문에 이토 히로부미를 사살한 것으로 볼 수 있습니다.

# 세계인

알프레드 노벨

칼 맑스

덩샤오핑

## 표면적인 성격

1차적인 영향은 이름의 'ㅇ'(약 21%=약 30%×0.7)이고, 2차적인 영향도 이름의 'ㅍ'(약 14%=약 20%×0.7)이고, 3차적인 영향은 성(姓)의 'ㄴ'(약 14%=약 20%×0.7)이고, 4차적인 영향은 이름의 'ㄹ'(약 7%=약 10%×0.7), 'ㄷ'(약 7%=약 10%×0.7)과 성(姓)의 'ㅂ'(약 7%=약 10%×0.7)입니다. 그리고 5차적인 영향은 종성의 'ㄹ'(약 30%)입니다.

전체적으로 'ㅍ'과 'ㅂ'이 2개가 있어 분명하고 꼼꼼한 성격이 나타나나, 자음 7개 중에 'ㅇ', 'ㄹ', 'ㄴ', 'ㄷ'이 5개이므로 매우 부드럽고 따듯한 성격으로서 평화주의, 박애주의, 이상주의, 합리주의 등을 추구하는 성격이라고 볼 수 있습니다.

결국, 표면적으로는 강함이 약 21%이고 부드러움과 유연함이 약 79%정도가 됩니다.

## 중심적인 성격

1차적인 영향은 'ㅏ'(약 30%)이고, 2차적인 영향은 'ㅡ'(약 30%=20%+10%)이고, 3차적인 영향은 'ㅗ'(약 20%)이고 4차적인 영향은 'ㅓ'(약 10%=5%+5%), 'ㅣ'(약 10%=5%+5%)입니다.

'ㅏ'와 'ㅗ'가 약 50%이므로 "밝고, 도전적이고, 돌출적이고, 임기응변이 뛰어나고, 급하고, 가볍고, 기분에 좌우되는 등의 성격"이 많이 나타나며,

다음으로는 'ㅡ'가 약 30%이고 'ㅣ'가 약 10%이므로 "중립적이고 균형을 갖춘 성격"이 나타나며,

나머지 'ㅓ'가 약 10%이므로 "어둡고, 신중하고, 참을성이 강하고, 과묵하고, 경제운용이 철저하고, 속마음을 감추고, 변화를 싫어하는 등의 성격"이 약하게 나타납니다.

## 내면적인 성격

1차적인 영향은 'ㄹ'(약 70%)이고, 2차적인 영향은 초성의 자음에서 약 30%를 받습니다. 그래서 'ㄹ'(약 73%), 'ㅇ'(약 9%), 'ㅍ'(약 6%), 'ㄴ'(약 6%), 'ㄷ'(약 3%), 'ㅂ'(약 3%)정도가 됩니다.

결국, 내면은 부드러움과 유연함이 약 91%이고 강함이 약

9%정도가 되며, 복잡하지 않고 단순한 면도 상당합니다.

### 전체적인 성격

성격이 밝고 도전적인 면이 강하고 그 다음으로 중립적이고 균형을 갖춘 성격과 무겁고 신중한 면으로 구성되어 있고, 합리주의, 평화주의, 박애주의, 이상주의 등이 강하게 나타나는 성격이라고 할 수 있습니다. 그리고 모음이 음양의 조화가 되어 있으나 양성이 훨씬 강하게 나타납니다.

※ 초성의 자음은 표면적인 성격에 70%를, 내면적인 성격에 30%를 각 영향을 미치고, 종성의 자음은 내면적인 성격에 70%를, 표면적인 성격에 30%를 각 영향을 미칩니다.

---

1) 「노벨」의 성격에 대해 좀 더 자세히 살펴보도록 하겠습니다.

2) 「노벨」은 스웨덴의 화학 기술자. 노벨상의 창시자입니다. 그는 니트로글리세린을 사용하여 광산에서 안전하게 사용할 수 있는 폭약을 연구하다 TNT(다이너마이트)를 개발하였으나, 이 폭약이

전쟁에 사용되면서부터 자신의 발명품에 대해 가책을 받던 중, 64
세로 숨을 거두면서 자신의 전 재산을 기부해 인류의 행복 증진에
공헌하는 사람에게 상을 주도록 하였습니다.

3) 이름「알프레드 노벨」에서, 전체적인 성격에 가장 영향을 많
이 미치는 글자가 바로 가장 강하고 가장 많이 불리는 이름의 첫
자인 「알」자이고 그 정도는 약 30%이며, 그 다음이 이름의 둘
째자인 「프」자이고 그 정도는 약 20%이며, 그 다음이 성(姓)인
「노」자이고 그 정도는 약 20%이며, 그 다음이 이름의 셋째자인
「레」자와 이름의 넷째 자인 「드」자와 성(姓)인 「벨」자이고 그
정도는 각각 약 10%가 되는 것입니다. 결국, 알 : 프 : 레 : 드 : 노
: 벨 = 약 30% : 약 20% : 약 10% : 약 10% : 약 20% : 약 10%의
비중으로 영향을 미치게 되는 것입니다.

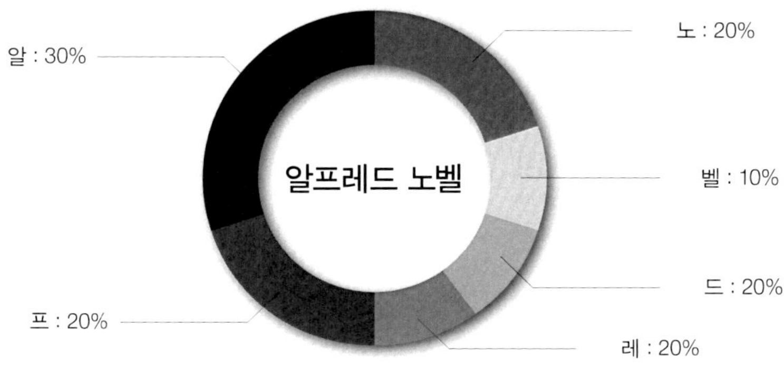



전체적인 성격에 가장 영향을 많이 미치는 글자

4) 이 「알」자, 「프」자, 「레」자, 「드」자, 「노」자, 「벨」자를 구분해서 세부적으로 살펴보면,

가장 영향을 많이 미치는 「알」자에서, 노벨의 중심적인 성격으로 나타나는 모음 'ㅏ'는 「안」자 내에서 그 영향력은 약 60%입니다.

이 'ㅏ'는 "표정이 밝고 적극적이고 도전적이며, 임기응변이 뛰어나며, 급하고 가볍고 기분에 좌우되며, 속마음을 잘 감추지 못하며, 경제관념이 철저하지 못하며, 빨리 일을 끝내려고 하는 등의 성격"으로 주로 나타납니다.

모음 'ㅏ'를 보조해주는 초성의 자음 'ㅇ'은 노벨의 표면적인 성격으로 주로 나타나고, 종성의 자음 'ㄹ'은 노벨의 내면적인 성격으로 주로 나타나며 「알」자 내에서 그 영향력은 약 40%입니다.

이 'ㅇ'은 "사고가 종합적이고 합리적이고 그 폭도 넓으며, 상대방의 의견을 합리적으로 조율하며, 행동은 의연하며, 일처리는 합리적이며, 사회문제도 합리적으로 접근하는 등 대체로 합리주의, 평화주의, 이상주의 등을 추구하는 성격"으로 주로 나타납니다.

그리고 'ㄹ'은 "다양하고 폭 넓은 분야에 관심이 많으며, 사고와 행동이 부드럽고 따듯하고 유연하며, 일처리가 다소 느리거나 철저하지 못하며, 마음의 상처를 쉽게 받으며, 사회문제에 관심이 많으나 비교적 현실과 쉽게 타협하는 등 평화주의, 박애주의, 이상주의 등을 추구하는 성격"으로 주로 나타납니다.

「알」자 내에서 초성 'ㅇ'과 종성 'ㄹ'의 비중은 약 70 : 30으로, 'ㅇ'의 영향력이 아주 크게 나타납니다.

그 다음으로 영향을 미치는 「프」자에서, 노벨의 중심적인 성격으로 나타나는 모음 'ㅡ'는 「프」자 내에서 그 영향력은 약 60%입니다. 이 'ㅡ'는 "모든 면에서 중립적이고 균형을 갖춘 성격"으로 주로 나타납니다.

모음 'ㅡ'를 보조해주는 초성의 자음 'ㅍ'는 노벨의 표면적인 성격으로 주로 나타나고, 「프」자 내에서 그 영향력은 약 40%입니다.

이 'ㅍ'은 "폭 넓은 관심보다는 자신의 관심범위를 정하여 자신의 관심분야는 분명하고 완벽히 하며, 언행일치하며, 사회문제에 참여할 경우 분명히 하는 등 대체로 자기중심주의, 완벽주의, 현실주의 등을 추구하는 성격"으로 주로 나타납니다.

그리고 이 「프」자는 종성이 없는 글자이므로 노벨의 내면적인 성격은 초성의 'ㅍ'에서 약 30% 정도의 영향을 받으므로 복잡하지 않는 단순한 성격이라고 할 수 있습니다.

이렇게 「레」자, 「드」자, 「노」자, 「벨」자를 각각 구분해서 살펴볼 수 있습니다.


5) 「알프레드 노벨」의 성격을 종합해보면, 중심적인 성격은 'ㅏ'의 성격(약30%), 'ㅡ'의 성격(약 30%), 'ㅗ'의 성격(약 20%), 'ㅓ'의 성격(약 10%), 'ㅣ'의 성격(약 10%)이 복합적으로 나타납니다. 이렇게 '노벨'의 중심적인 성격은 음양의 조화가 되어 있으나, 'ㅏ'와 'ㅗ'의 양성의 성격이 'ㅓ'의 음성의 성격보다 훨씬 많은 비중을 차지하므로 양성의 성격에 가깝다고 할 수 있습니다.

'노벨'은 이런 중심적인 성격을 근간으로, 표면적인 성격은 'ㅇ', 'ㅍ', 'ㄹ', 'ㄷ', 'ㄴ', 'ㅂ'의 성격이 복합적으로 나타납니다. 그중에서 'ㅍ'과 'ㅂ'의 강함이 약 21%이고, 'ㅇ', 'ㄴ', 'ㄷ', 'ㄹ'의 부드러움과 유연함이 약 79%이므로 아주 부드럽고 유연하게 나타납니다. 그리고 내면적인 성격은 'ㅇ', 'ㄴ', 'ㄷ', 'ㄹ'의 부드러움과 유연함이 약 91%이므로 표면적인 성격보다 더 많은 부드러움과 유연함이 나타납니다.

　'노벨'은 자음 'ㅇ', 'ㅍ', 'ㄹ'(3개), 'ㄷ', 'ㄴ', 'ㅂ'의 총 8개 중에 'ㅇ'과 'ㄴ'계열이 6개로 약 75%의 비중을 차지하므로 부드럽고 유연하며 원만하여 상대를 배려하고 친절을 베푸는 등의 인간미가 넘치는 성격이라고 할 수 있습니다.

　6) 이런 '노벨'의 성격은 광산이나 노동현장 등에서 힘들게 일하는 사람들을 위해 개발한 자신의 발명품인 TNT가 전쟁에 이용되면서 수많은 사람들을 죽이는 무서운 무기로 이용되는 것에 너무 괴로웠을 것입니다. 그는 평화, 사랑, 박애, 이상 등을 추구하는 사람이었기에 자신이 TNT로 번 엄청난 돈의 가치에 번민과 갈등을 하였을 것이 분명합니다. 그래서 그가 내린 결론은 자신의 모든 재산을 기부해 인류의 행복 증진에 공헌하는 사람에게 상을 주도록 한 것이라고 볼 수 있습니다.

　그리고 한편으로는 그의 성격이 양성의 성격이 훨씬 강하였기 때문에 다소 즉흥적이거나 기분에 좌우되어 그의 모든 재산을 인류의 행복을 위해 쉽게 기부하기로 결심한 것으로도 볼 여지도 있습니다.

### 표면적인 성격

1차적인 영향은 이름의 'ㅋ'(약 49%=약 70%×0.7)이고, 2차적인 영향은 성(姓)의 'ㅁ'(약 14%=약 20%×0.7)이고, 3차적인 영향은 성(姓)의 'ㅅ'(약 7%=약 10%×0.7)입니다. 그리고 4차적인 영향은 종성의 'ㄹ'(약 26%=약 70%×0.3+약 15%×0.3)과 'ㄱ'(약 4%=약 15%×0.3)입니다.

이 'ㅋ'은 'ㄱ'보다 더 강하며, 'ㅁ', 'ㅅ', 'ㄱ'과 결합하여 고집, 아집, 집념 등이 더욱 강해져 자신의 목표와 목적달성에 최선을 다하며, 사고체계는 자기중심주의, 원칙주의, 현실주의 등으로 주로 나타납니다.

종성의 'ㄹ'에서 약 26%의 부드러움과 유연함의 영향을 받아 고지식하고 경직되고 여백이 없는 면을 희석시켜주는 역할을 합니다.

결국, 표면적으로는 강함이 약 74%이고 부드러움과 유연함이 약 26%정도가 됩니다.


## 중심적인 성격

1차적인 영향은 'ㅏ'(약 90%=70%+20%)이고, 2차적인 영향은 'ㅡ'(약 10%)입니다.

'ㅏ'가 약 90%이므로 "밝고, 도전적이고, 돌출적이고, 임기응변이 뛰어나고, 급하고, 가볍고, 기분에 좌우되는 등의 성격"이 아주 강하게 나타나며,

'ㅡ'가 약 10%이므로 "중립적이고 균형을 갖춘 성격"이 약하게 나타납니다.


## 내면적인 성격

1차적인 영향은 'ㄹ'(약 60%=약 70%×0.7+약 15%×0.7)이고, 2차적인 영향은 'ㄱ'(약 10%=약 15%×0.7)입니다. 그리고 3차적인 영향은 초성의 'ㅋ'(약 21%=약 70%×0.3), 'ㅁ'(약 6%=약 20%×0.3), 'ㅅ'(약 3%=약 10%×0.3)입니다.

결국, 내면은 부드러움과 유연함이 약 60%이고 강함이 약 40%정도가 됩니다.

### 전체적인 성격

성격이 밝고 도전적인 면이 아주 강하고 그 다음으로 중립적이고 균형을 갖춘 면은 약하게 나타나며, 자기중심주의, 원칙주의, 현실주의 등이 주로 나타나고, 평화주의, 박애주의, 이상주의 등이 복합적으로 나타나는 성격이라고 할 수 있습니다. 그리고 모음이 음양의 조화가 되어 있지 않고, 양성적인 면이 아주 강하게 나타납니다.

※ 초성의 자음은 표면적인 성격에 70%를, 내면적인 성격에 30%를 각 영향을 미치고, 종성의 자음은 내면적인 성격에 70%를, 표면적인 성격에 30%를 각 영향을 미칩니다.

---

1) 「칼 맑스」성격에 대해 좀 더 자세히 살펴보도록 하겠습니다.

2) 「칼 맑스」는 독일의 경제학자이자 정치학자입니다. 그는 헤겔의 영향을 받아 무신론적 급진 자유주의자가 되었습니다. 그는 엥겔스와 경제학 연구를 하며 집필한 저서 《독일 이데올로기》에서 유물사관을 정립하였고, 《공산당선언》을 발표하여 각 국의 혁

명에 불을 지폈습니다. 그는 《정치경제학비판》, 《자본론》등의 유명한 저서를 남겼습니다.

　3) 이름「칼 맑스」에서, 전체적인 성격에 가장 영향을 많이 미치는 글자가 바로 가장 강하고 가장 많이 불리는 이름의 「칼」자이고 그 정도는 약 70%이며, 그 다음이 성(姓)의 첫 자인 「맑」자이고 그 정도는 약 20%이며, 그 다음이 성(姓)의 둘째자인 「스」자이고 그 정도는 약 10%입니다. 결국, 칼 : 맑 : 스 = 약 70% : 약 20% : 약 10%의 비중으로 영향을 미치게 되는 것입니다.

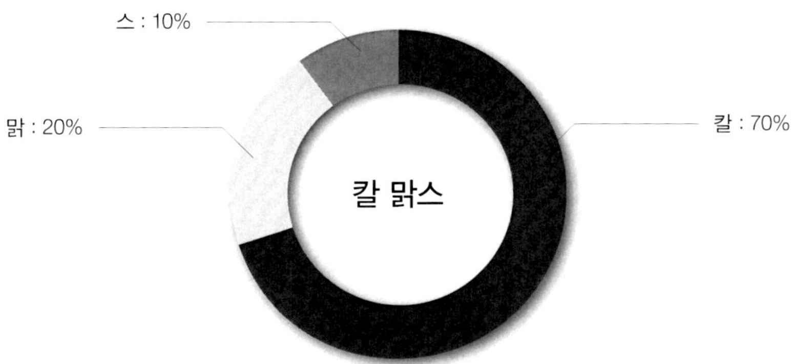



전체적인 성격에 가장 영향을 많이 미치는 글자

　4) 이 「칼」자, 「맑」자, 「스」자를 구분해서 세부적으로 살펴보면,

가장 영향을 많이 미치는 「칼」 자에서, 맑스의 중심적인 성격으로 나타나는 모음 'ㅏ'는 「칼」 자 내에서 그 영향력은 약 60%입니다.

이 'ㅏ'는 "표정이 밝고 적극적이고 도전적이며, 임기응변이 뛰어나며, 급하고 가볍고 기분에 좌우되며, 속마음을 잘 감추지 못하며, 경제관념이 철저하지 못하며, 빨리 일을 끝내려고 하는 등의 성격"으로 주로 나타납니다.

모음 'ㅏ'를 보조해주는 초성의 자음 'ㅋ'은 맑스의 표면적인 성격으로 주로 나타나고, 종성의 자음 'ㄹ'은 맑스의 내면적인 성격으로 주로 나타나며 「칼」 자 내에서 그 영향력은 약 40%입니다.

이 'ㅋ'은 "기초분야에 관심이 많고 생각이 깊어서 의문이 많으며, 집착이 강하고 원칙에 치중하며, 남을 너무 의식하는 경향이 있으며, 긴장하거나 걱정이 많으며, 계산적이고 분석적이며, 사회문제에도 많은 관심을 가지고 있으며, 감정적이거나 감성적인 등 대체로 자기중심주의와 원칙주의 등의 성격"으로 주로 나타납니다.

그리고 'ㄹ'은 "다양하고 폭 넓은 분야에 관심이 많으며, 사고와 행동이 부드럽고 따듯하고 유연하며, 일처리가 다소 느리거나 철저하며, 마음의 상처를 쉽게 받으며, 사회문제에 관심이 많으나 비교적 현실과 쉽게 타협하는 등 평화주의, 박애주의, 이상주의 등을 추구하는 등의 성격"으로 주로 나타납니다.

「칼」자 내에서 초성 'ㅋ'과 종성 'ㄹ'의 비중은 약 70 : 30으로, 'ㅋ'의 영향력이 아주 크게 나타납니다.

그 다음으로 영향을 미치는 「맑」자에서, 맑스의 중심적인 성격으로 나타나는 모음 'ㅏ'는 「맑」자 내에서 그 영향력은 약 60%입니다. 이 'ㅏ'는 위의 「칼」자의 'ㅏ'와 같습니다.

모음 'ㅏ'를 보조해주는 초성의 자음 'ㅁ'는 맑스의 표면적인 성격으로 주로 나타나고, 「맑」자 내에서 그 영향력은 약 40%입니다.

이 'ㅁ'은 "폭 넓은 관심보다 범위를 정하여 관심을 가지고 자신의 관심분야는 분명하고 완벽히 하며, 언행일치하며, 일처리가 완벽하며, 사회문제에 참여하면 분명히 하는 등 대체로 자기중심주의, 완벽주의, 현실주의 등을 추구하는 성격"으로 주로 나타납니다.

그리고 종성의 'ㄹ'과 'ㄱ'은 위 「칼」자의 'ㄹ'과 'ㅋ'과 같습니다. 'ㄱ'은 'ㅋ'보다 약간 약하게 나타납니다.

「맑」 자 내에서 초성 'ㅁ'과 종성 'ㄹ', 'ㄱ'의 비중은 약 70 : 30으로, 'ㅁ'의 영향력이 아주 크게 나타납니다.

그 다음으로 영향을 미치는 「스」 자에서, '맑스'의 중심적인 성격으로 나타나는 모음 'ㅡ'는 「프」 자 내에서 그 영향력은 약 60%입니다. 이 'ㅡ'는 "모든 면에서 중립적이고 균형을 갖춘 성격"으로 주로 나타납니다.

모음 'ㅡ'를 보조해주는 초성의 자음 'ㅅ'은 '맑스'의 표면적인 성격으로 주로 나타나고, 「스」 자 내에서 그 영향력은 약 40%입니다.
이 'ㅅ'은 "사고의 폭은 좁고, 자신의 관심사항에 대해서는 확실하고 철저하며, 대화는 자기 위주로 대화하고 집착이 강하며, 행동이 거칠거나 강하며, 남을 의식하지 않는 등 대체로 자기중심주의와 현실주의를 추구하는 형태"로 주로 나타나게 됩니다.

그리고 이 「스」 자는 종성이 없는 글자이므로 맑스의 내면적인 성격은 초성의 'ㅅ'에서 약 30% 정도의 영향을 받으므로 복잡하지 않는 단순한 성격이라고 할 수 있습니다.

5) 「칼 맑스」의 성격을 종합해보면, 중심적인 성격은 ‘ㅏ’의 성격 (약 90%), ‘ㅡ’의 성격(약 10%)이 복합적으로 나타납니다. 이렇게 ‘맑 스’의 중심적인 성격은 음양의 조화가 되어 있지 않고, ‘ㅏ’의 비중 이 약 90%에 ‘ㅡ’의 비중이 약 10%에 지나지 않아 거의 양성적인 성격이라고 할 수 있습니다.

맑스는 이런 중심적인 성격을 근간으로, 표면적인 성격은 ‘ㅋ’, ‘ㅁ’, ‘ㅅ’, ‘ㄹ’, ‘ㄱ’의 성격이 복합적으로 나타납니다. 이 중에서 ‘ㅋ’, ‘ㅁ’, ‘ㄱ’의 강함이 약 74%이므로 아주 강하고 경직되게 나타납니 다. 그리고 내면의 성격은 ‘ㄹ’의 부드러움과 유연함이 약 60%이므 로 부드럽고 따듯하게 나타납니다.

맑스는 자음 ‘ㅋ’, ‘ㅁ’, ‘ㄹ’(2개), ‘ㄱ’, ‘ㅅ’의 총 6개 중에 ‘ㄹ’이 2개 로 약 33%의 비중을 차지하므로 부드럽고, 유연하고, 원만하고, 상 대를 배려하고, 친절을 베푸는 등의 인간미가 조금 있는 성격이라 고 할 수 있습니다.

6) 이런 ‘맑스’의 성격은 그 당시 사회의 경제와 정치적인 상황에 대한 모순을 분석하고 진단하는 연구에 적극적이고 도전적으로 임하였고, 그 결과로 《자본론》과 《정치경제학비판》 등 다수

저서를 남겼습니다.

19세기와 20세기의 인류사회는 이 '맑스'라는 인물이 연구한 사상과 철학에 엄청나게 열광하였고, 또한 그로 인해 엄청난 고통을 받기도 하였습니다.

그러나 한편으로, 인류사회는 그의 사상과 철학에 의해 사회의 모순을 개혁하고 혁신하였기 때문에 그만큼 발전한 측면도 있다고 볼 수 있습니다.

이처럼 이름에 'ㄱ'계열과 'ㅁ'계열이 결합되면 깊은 사고와 분명함이 더해져 대단한 성과물을 탄생시키기도 합니다. 그 대표적인 인물로는 '미켈란젤로', '칼 포프', '칼 폴라니', '칼 바르트', '빌 게이츠', '박경리' 등 수많은 인물들이 있습니다.

'ㄱ'계열과 'ㅁ'계열이 결합된 이름 중에서 음양의 조화가 되고 'ㄴ'계열과 'ㅇ'계열의 비중이 30%이상인 경우는 기품과 품격을 갖춘 사람들이 많은 편입니다.

그에 반해, 'ㄱ'계열과 'ㅁ'계열이 결합된 이름 중에서 음양의 조화가 되어 있지 않거나 'ㄴ'계열과 'ㅇ'계열의 비중이

30% 이하인 이름의 경우는 결벽증이나 강박증의 성격을 보이는 사람들도 많은 편입니다. 특히, 이름에 'ㄱ'계열, 'ㅁ' 계열, 'ㅅ'계열이 함께 결합되면 결벽증이나 강박증의 정도가 더욱 심해질 수도 있습니다.

## 표면적인 성격

1차적인 영향은 이름의 'ㅅ'(약 49%=약 70%×0.7)이고, 2차적인 영향은 이름의 'ㅍ'(약 21%=약 30%×0.7)이고, 3차적인 영향은 성(姓)의 'ㄷ'(약 21%=약 30%×0.7)입니다. 그리고 4차적인 영향은 종성의 'ㅇ'(약 30%=약 70%×0.3+약 30%×0.3)입니다.

이 'ㅅ'은 'ㅍ'과 결합하여 고집, 아집, 집념 등이 더욱 강해져 자신의 목표와 목적달성에 최선을 다하며, 사고체계는 자기중심주의, 완벽주의, 현실주의 등으로 주로 나타납니다.

그리고 초성 "과 종성 'ㅇ'의 부드러움, 합리성, 유연성 등이 'ㅅ', 'ㅍ'의 고지식하고 경직되고 기계적이고 여백이 없는 면을 많이 완화시켜주는 역할을 합니다.

결국, 표면적으로는 강함이 약 49%이고 유연함과 부드러움이 약 51%정도가 됩니다.

## 중심적인 성격

1차적인 영향은 'ㅑ'와 'ㅗ'(약 40%)이고, 2차적인 영향은 'ㅣ'(약 30%)이고, 3차적인 영향은 'ㅓ'(약 30%)입니다.

'ㅑ'와 'ㅗ'는 "밝고, 도전적이고, 돌출적이고, 임기응변이 강하고, 급하고, 가볍고, 기분에 좌우되는 등의 성격"으로 주로 나타나며,

'ㅣ'는 "중립적이고 균형을 갖춘 성격"으로 주로 나타나며,

'ㅓ'는 "어둡고, 신중하고, 참을성이 강하고, 과묵하고, 경제운용이 철저하고, 속마음을 감추고, 변화를 싫어하는 등의 성격"으로 주로 나타납니다.

## 내면적인 성격

1차적인 영향은 종성의 'ㅇ'(약 70%=약 70%×0.7+약 30%×0.7)이고, 2차적인 영향은 초성의 'ㅅ'(약 12%=약 40%×0.3), 'ㅍ'(약 9%=약 30%×0.3)이고, 'ㄷ'(약 9%=약 30%×0.3)입니다.

결국, 내면은 부드러움과 유연함이 약 79%이고 강함이 약 21% 정도가 됩니다.

### 전체적인 성격

성격이 아주 밝고 도전적인 면이 강하고 그 다음으로 중립적이고 균형을 갖춘 면과 어둡고 신중하고 참을성 있는 면이 고루 나타나며, 자기중심주의, 완벽주의, 현실주의, 평화주의, 박애주의, 이상주의 등이 복합적으로 나타나는 성격이라고 할 수 있습니다. 그리고 모음이 음양의 조화가 잘 되어 있어 어느 한쪽으로 치우치지 않고, 감정의 폭이 넓은 편입니다.

※ 초성의 자음은 표면적인 성격에 70%를, 내면적인 성격에 30%를 각 영향을 미치고, 종성의 자음은 내면적인 성격에 70%를, 표면적인 성격에 30%를 각 영향을 미칩니다.

---

1) 「덩샤오핑」의 성격에 대해 좀 더 자세히 살펴보도록 하겠습니다.

2) 「덩샤오핑」은 중국의 정치가입니다. 그는 '마오쩌둥'과 '화궈펑' 이후, 실권을 장악하고, 흑묘백묘론을 통한 실용주의 노선과 기

존의 사회주의 체제를 유지하는 정경분리의 정책을 통해 세계에서 유례가 없는 중국식 사회주의의 창시자가 된 인물입니다.

3) 이름「덩샤오핑」에서, 전체적인 성격에 가장 영향을 많이 미치는 글자가 바로 가장 강하고 가장 많이 불리는 이름의 첫 자 「샤오」자이고 그 정도는 약 40%이며, 그 다음이 이름의 둘째 자 「핑」자이고 그 정도는 약 30%이고, 그 다음이 성(姓)의 「덩」자 이고 그 정도는 약 30%입니다. 결국, 덩 : 샤오 : 핑 = 약 40% : 약 30% : 약 30%의 비중으로 영향을 미치게 되는 것입니다.

여기서 「小」는 중국식 발음이 「샤」가 강하게 발음되고 「오」 는 약하게 발음되므로 「샤오」를 한 글자로 보고 분석하였습니다.

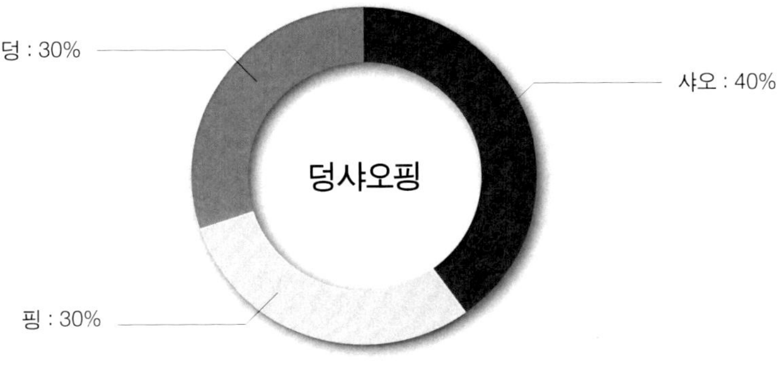



전체적인 성격에 가장 영향을 많이 미치는 글자

4) 이 「샤오」자, 「핑」자, 「덩」자를 구분해서 세부적으로 살펴보면,

가장 영향을 많이 미치는 「샤오」자에서, 덩샤오핑의 중심적인 성격으로 나타나는 모음 ‘ㅑ’와 ‘ㅗ’는 「샤오」자 내에서 그 영향력은 약 60%입니다.

이 ‘ㅑ’와 ‘ㅗ’는 "표정이 아주 밝고, 적극적이고 도전적이며, 임기응변이 뛰어나며, 급하고 가볍고 기분에 좌우되며, 속마음을 잘 감추지 못하며, 경제관념이 철저하지 못하며, 빨리 일을 끝내려고 하는 등의 성격"으로 주로 나타납니다.

모음 ‘ㅑ’와 ‘ㅗ’를 보조해주는 초성의 자음 ‘ㅅ’은 덩샤오핑의 표면적인 성격으로 주로 나타나고, 「샤오」자 내에서 그 영향력은 약 40%입니다.

이 ‘ㅅ’은 "사고의 폭은 좁고, 자신의 관심사항에 대해서는 확실하고 철저하며, 대화는 자기 위주로 대화하고 집착이 강하며, 행동이 거칠거나 강하며, 남을 의식하지 않는 등 대체로 자기중심주의와 현실주의를 추구하는 형태"로 주로 나타나게 됩니다.

그리고 이 「샤오」자는 종성이 없는 글자이므로 덩샤오핑의 내면적인 성격은 초성의 'ㅅ'에서 약 30%정도의 영향을 받으므로 복잡하지 않는 단순한 성격이라고 할 수 있습니다.

그 다음으로 영향을 미치는 「핑」자에서, '덩샤오핑'의 중심적인 성격으로 나타나는 모음 'ㅣ'는 「핑」자 내에서 그 영향력은 약 60%입니다. 이 'ㅣ'는 "모든 면에서 중립적이고 균형을 갖춘 성격"으로 주로 나타납니다.

모음 'ㅣ'를 보조해주는 초성의 자음 'ㅍ'은 '덩샤오핑'의 표면적인 성격으로 주로 나타나고, 「핑」자 내에서 그 영향력은 약 40%입니다.

이 'ㅍ'은 "폭 넓은 관심보다는 범위를 정하여 관심을 가지고 자신의 관심분야는 분명하고 완벽히 하며, 언행일치하며, 일처리가 완벽하며, 사회문제에 참여하면 분명히 하는 등 대체로 자기중심주의, 완벽주의, 현실주의 등을 추구하는 성격"으로 주로 나타납니다.

그리고 종성의 'ㅇ'은 "사고가 종합적이고 합리적이고 그 폭도 넓으며, 상대방의 의견을 합리적으로 조율하며, 행동은 의연하며, 일처리는 합리적이며, 사회문제도 합리적으로 접근하는 등 대체로 합리주의, 평화주의, 이상주의를 추구하는 형태"로 주로 나타납니다.

「핑」자 내에서 초성 'ㅍ'과 종성 'ㅇ'의 비중은 약 70 : 30으로, 'ㅍ'의 영향력이 아주 크게 나타납니다.

그 다음으로 영향을 미치는 「덩」자에서, '덩샤오핑'의 중심적인 성격으로 나타나는 모음 'ㅓ'는 「덩」자 내에서 그 영향력은 약 60%입니다.

이 'ㅓ'는 "표정은 어둡고, 행동은 신중하고 참을성이 강하며, 자기표현이 서투르고 말이 적고 과묵하며, 책임감이 강하며, 운동은 지구력을 요하는 종목을 선호하며, 경제운용이 철저하며, 속마음을 잘 드러내지 않으며, 사회의 급격한 변화를 싫어하며, 한 가지 일에 오래 지속하는 등의 성격"으로 주로 나타납니다.

모음 'ㅓ'를 보조해주는 초성의 자음 'ㄷ'은 덩샤오핑의 표면적인 성격으로 주로 나타나고, 종성의 자음 'ㅇ'은 덩샤오핑의 내면적인 성격으로 주로 나타나며 「덩」자 내에서 그 영향력은 약 40%입니다.

이 'ㄷ'은 "다양하고 폭 넓은 분야에 관심이 많으며, 사고와 행동이 부드럽고 따듯하고 유연하며, 일처리가 다소 느리거나 철저하지 못하며, 마음의 상처를 쉽게 받으며, 사회문제에 관심이 많으나 비교적 현실과 쉽게 타협하는 등 평화주의, 박애주의, 이상주의 등을 추구하는 등의 성격"으로 주로 나타납니다.

그리고 'ㅇ'은 위 「핑」자의 'ㅇ'과 같습니다.

「덩」자 내에서 초성 'ㄷ'과 종성 'ㅇ'의 비중은 약 70 : 30으로, 'ㄷ'의 영향력이 아주 크게 나타납니다.

5) 「덩샤오핑」의 성격을 종합해보면, 중심적인 성격은 'ㅑ'와 'ㅗ'의 성격과 'ㅣ'의 성격과 'ㅓ'의 성격이 복합적으로 나타나며, 'ㅑ', 'ㅗ' : 'ㅣ' : 'ㅓ' = 약 40% : 약 30% : 약 30%로 나타납니다. 이렇게 '덩샤오핑'의 중심적인 성격은 어느 한쪽으로 치우치지 않는 균

형 잡힌 성격을 가졌다고 할 수 있습니다.

덩샤오핑은 이런 중심적인 성격을 근간으로, 표면적인 성격은 'ㅅ', 'ㅍ', 'ㄷ', 'ㅇ'의 성격이 복합적으로 나타나며, 'ㅅ'과 'ㅍ'의 강함이 약 49%이고, 'ㅇ'과 'ㄷ'의 유연함과 부드러움이 약 51%로 비슷하게 나타납니다. 그리고 내면적인 성격은 표면적인 성격과 달리 'ㅇ'과 'ㄷ'의 유연함과 부드러움이 약 79%로 많이 나타납니다.

'덩샤오핑'은 자음 'ㅅ', 'ㅍ', 'ㄷ', 'ㅇ'(2개) 총 5개 중에 'ㅇ'과 'ㄷ'이 3개로 약 60%의 비중을 차지하므로 부드럽고 유연하고 원만하고 상대를 배려하고 친절을 베푸는 등의 인간미가 많은 성격이라고 할 수 있습니다.

6) 이런 '덩샤오핑'의 성격은 자신의 신념이 강하여 대단히 힘겨운 장정(長征)과 항일전에 참여하였고, 권력의 암투에 주도적인 역할을 하였으며, 변화와 개혁개방에 두려움 없이 도전적으로 임하여 중국식 사회주의의 창시자가 되었다고 볼 수 있습니다.

그리고 그는 부드럽고 유연하고 원만하고 상대를 배려하고 친절을 베푸는 등의 인간미가 넘치는 성격이었기 때문에 평소 많은 사람들에게 인정을 베풀었다고 볼 수 있으며, 그것 때문에 한때는 권력의 중심부에서 밀려났다가도 다시 그 자리에 오를 수 있는 기회가 찾아왔다고 볼 수 있습니다.

# 제 3 장

# 한글의 원리

# 한글의 의미

## 1. 말(언어)의 기능

> 말(언어)은 소리의 형태를 띠고, 이 말(언어)에는 뜻이 담겨져 있습니다. 따라서 말(언어)은 사람들의 의사소통을 위한 가장 중요한 수단인 것입니다.

1) 사람은 안이비설신의(眼耳鼻舌身意)의 6근을 통해 색성향미촉법(色聲香味觸法)의 6경의 형태로 소통이 이루어집니다. 여기서 귀에 들리는 소리(聲)와 입에서 내는 소리(聲)는 주로 말(언어)의 형태로 이루어집니다.

2) 사람은 자신의 생각이나 의사를 다른 사람들에게 전달하거나 소통하기 위해 가장 효율적인 수단으로 말(언어)을 사용하는 것입니다. 따라서 이 말(언어)은 사람들 간의 의사소통을 위한 가장 중

요한 수단이 되는 것입니다.


　3) 사람이 세상에 태어났을 때는 말(언어)을 구사할 줄 모르지만 자라면서 부모, 형, 누나, 오빠 등 주변 사람들로부터 말(언어)을 배워서 첨차 말(언어)을 잘 구사하게 되는 것입니다.


　4) 말(언어)은 많은 사람들이 사용하여야 생명력을 계속 유지할 수 있습니다. 그러기 위해서는 일정한 규칙과 원칙이 있어야 할 것입니다. 그렇지 않으면 그 말은 많은 사람들이 사용하지 않게 될 것이고 점차 잊히는 말이 될 것이기 때문입니다.

## 2. 우리 말과 글의 가치

우리 말과 글은 세계 어느 나라의 말과 글에도 들어 있지 않은 대자연의 기운(에너지)을 고스란히 담고 있는 거의 유일한 말과 글입니다. 그렇기 때문에 우리 말과 글에는 엄청난 힘을 가지고 있습니다.

1) 세종대왕이 훈민정음(한글)을 창제하기 이전에도 우리 말은 존재하고 있었습니다. 현재 한국을 비롯한 중국, 미국, 일본 등 모든 나라들이 그 나라별로 말과 글을 사용하고 있는 것과 같이, 과거 한글을 창제할 당시에도 지금처럼 나라마다 그들의 말과 글이 사용되고 있었습니다.

2) 세종대왕은 우리 말과 중국말이 서로 다르기 때문에 엘리트 문자인 한자로서는 백성들이 의사소통을 하는데 어려움이 많다는 사실에 너무 안타까워 하셨습니다. 이에 대해서는 훈민정음 서문에 너무도 잘 나타나 있습니다. 이를 해석한 서문을 인용하면 다음과 같습니다.

「나랏말씀이 중국과 달라 문자끼리 서로 맞지 아니하다.

이런 까닭으로 어리석은 백성이 이르고자 할 바가 있어도 마침내 자신의 뜻을 펴지 못하는 사람이 많으니라.

내 이를 위하여 가엾게 여겨 새로 스믈 여덟 자를 만드노니 모든 사람으로 하여금 쉽게 익혀 날마다 쓰기에 편안케 하고자 할 따름이니라.」

3) 우리 말과 글은 세계 어느 나라의 말과 글에도 들어 있지 않은 대자연의 기운(에너지)을 고스란히 담고 있는 거의 유일한 말과 글인 것 같습니다. 그렇기 때문에 우리 말과 글에는 엄청난 힘을 가지고 있는 것 같습니다.

우리 속담에 「말이 보살이다」라는 속담이 있습니다. 이 속담은 자신이 뱉은 말은 장차 그 말대로 된다는 뜻입니다. 그리고 또 다른 속담으로 「낮 말은 새가 듣고 밤 말은 쥐가 듣는다」라는 속담도 있습니다. 이 속담은 그 말을 들은 사람이 시기나 질투를 할 수 있으므로 말을 조심하거나 가려서 하라는 뜻입니다.

4) 이처럼, 우리는 우리 말과 글에 엄청난 기운(에너지)을 담고 있다는 사실에 대해 알게 모르게 어렴풋이 느끼면서 사용해 왔습니

다. 따라서 우리 말과 글에 대해 조금 심하게 표현하면 주술이나 주문과 같은 힘을 가졌다고도 할 수 있습니다. 그러므로 우리는 우리 말과 글에 대해 무한한 자부심을 느껴도 될 것 같습니다.

5) 우리 말과 글이 이렇게 엄청나기 때문에 우리는 욕설이나 폭언을 가급적 삼가 해야 합니다. 그 이유는 욕설이나 폭언을 하게 되면 말한 사람이나 듣는 사람 모두가 나쁜 기운(에너지)을 동시에 받기 때문입니다. 그리고 인터넷이나 각종매체 등에 악성댓글을 작성하는 경우도 역시 마찬가지라는 사실을 잘 알아야 할 것입니다.

# 모음(홀소리)의
# 원리

모음의 기본형

모음의 확장형

| 구 분 | 모 양 | 뜻 |
|---|---|---|
| 천 | • | 하늘, 태양, 우주 |
| 지 | ━ | 땅, 지구 |
| 인 | ｜ | 인간, 사물 |

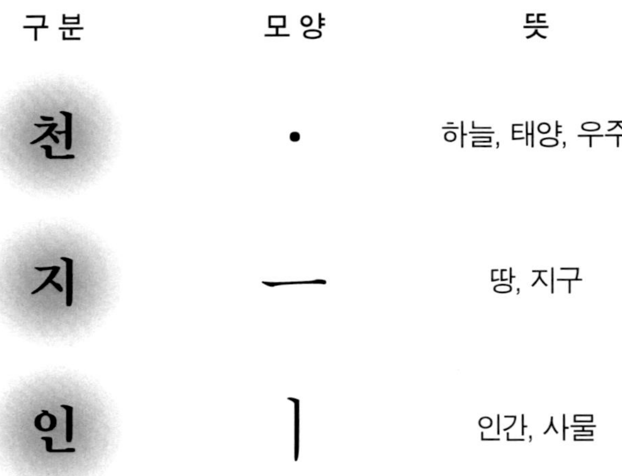

1) 천지인의 개념은 인류의 역사만큼이나 오래되었을 것입니다. 그 이유는 인간이 태어나면서 하늘과 땅과 인간을 접하기 때문입니다. 중세 이전까지 인간의 우주관은 하늘은 태양을 비롯한 무수히 많은 별들이 가득한 무한히 넓고 크다고 여겼습니다. 그리고 지구는 우주의 중심으로서 무한히 넓으나 그 끝은 낭떠러지가 있

는 것으로 여겼으며, 인간은 지구의 일원으로 여겼습니다. 결론적
으로 천지인은 인간의 우주관인 우주(태양)와 지구와 사람을 함축
적으로 가장 잘 나타내는 개념이라고 할 수 있습니다.


  2) 이러한 천지인을 한자는 하늘(태양)을 '天'으로, 땅을 '地'로, 사
람을 '人'으로 표기하고 있는 반면, 한글은 하늘(태양)을 'ㆍ'으로,
땅을 'ㅡ'로, 사람을 'ㅣ'으로 표기하였습니다. 이렇게 간단하고 단
순하게 표기한 세종의 한글창제 능력은 정말 위대하다 하지 않을
수 없습니다. 그 이유는 어렵고 복잡한 것을 단순하고 간단하게
만드는 능력이 세상에서 가장 위대하기 때문입니다.


  3) 그리고 무엇보다 이렇게 표기한 한글의 천(ㆍ)지(ㅡ)인(ㅣ)에는
그 뜻도 그대로 담고 있다는 사실에 놀라지 않을 수 없습니다. 한
글의 모음은 밝기, 크기, 방향, 거리, 무게, 부피 등 3차원에 해당하
는 뜻을 가지고 있습니다. 앞으로 전개될 모음의 조합과 소리마디
등을 통해 우리는 「모음은 대자연의 기운(에너지)을 고스란히 담
고 있는 글자다」라는 사실을 차츰 알아가게 될 것입니다.

# 02 모음의 확장형

| 구분 | 모양 | | 뜻 | 방위 | 음/양 |
|---|---|---|---|---|---|
| | 기본형 | 확장형 | | | |
| 수평<br>(좌우) | ㅏ | ㅑ | 밝다, 가볍다, 앞으로,<br>작다 등 | 동 | 양성 |
| | ㅓ | ㅕ | 어둡다, 무겁다, 뒤로,<br>크다 등 | 서 | 음성 |
| | ㅣ | | 기준, 중립 | 중앙 | 중성 |
| 수직<br>(상하) | ㅗ | ㅛ | 환하다, 매우 가볍다,<br>위로, 매우 작다 등 | 남 | 양성 |
| | ㅜ | ㅠ | 매우 어둡다, 매우 무겁다,<br>아래로, 매우 크다 등 | 북 | 음성 |
| | ㅡ | | 기준, 중립 | 중앙 | 중성 |

1) 이 천(·)지(—)인(ㅣ) 3개의 기본형 글자를 조합하여 만든 글자가 'ㅏ', 'ㅑ', 'ㅓ', 'ㅕ', 'ㅗ', 'ㅛ', 'ㅜ', 'ㅠ' 8자와 기본형 '·', '—', 'ㅣ' 3자를 포함하여 총 11자였으나, 이중 ·(아래아)은 지금은 사용하지 않고 10자만이 사용되고 있습니다.

2) 모음 10자 중 'ㅏ', 'ㅑ', 'ㅓ', 'ㅕ', 'ㅣ' 이들 5자는 수평의 뜻을 담고 있는 글자입니다. 다시 말해서 이들의 뜻에는 수직의 뜻이 없다고 할 수 있습니다.

여기서 'ㅏ'와 'ㅑ'는 사람이나 사물을 기준으로 태양이나 하늘이 오른쪽에 위치하고 있는 모양을 본떠서 만든 글자입니다. 따라서 이들의 뜻은 세상이 어두움에서 밝음으로 바뀌게 되어 밝다, 맑다, 가볍다, 즐겁다, 앞으로, 나아가다, 향하다, 가깝다, 작다, 즉흥적이다, 낙관적이다 등의 뜻을 가지고 있습니다. 이들의 뜻을 함축적으로 표현하면 「그 기운(에너지)이 앞으로 향하다」라고 할 수 있습니다.

그리고 이들의 방위는 당연히 동쪽에 해당하고, 음양의 성질은 양성에 해당한다고 할 수 있습니다.

이들의 사용 예로는 가다, 나타나다, 날다, 달리다, 맑다, 바깥, 밝다, 아침, 앞으로, 자라다, 창창하다, 타다 등이 있습니다.

다음으로 'ㅓ'와 'ㅕ'는 'ㅏ'와 'ㅑ'의 대칭의 개념으로서 사람이나 사물을 기준으로 태양이나 하늘이 왼쪽에 위치하고 있는 모양을 본떠서 만든 글자입니다. 따라서 이들의 뜻은 세상이 밝음에서 어두움으로 바뀌게 되어 어둡다, 무겁다, 썰렁하다, 뒤로, 떨어지다, 넘어지다, 멀다, 크다, 신중하다, 비관적이다 등의 뜻을 가지고 있습니다. 이들의 뜻을 함축적으로 표현하면 「그 기운(에너지)이 뒤로 향하다」라고 할 수 있습니다.

그리고 이들의 방위는 당연히 서쪽에 해당하고, 음양의 성질은 음성에 해당한다고 할 수 있습니다.

이들의 사용 예로는 거꾸로, 거닐다, 거두다, 결정, 경제, 널리, 더럽다, 더욱, 먹다, 멀다, 버리다, 벌리다, 서럽다, 서운하다, 어둡다, 처절하다, 터무니, 허무 등이 있습니다.

수평에 해당하는 마지막 글자인 'ㅣ'는 수평의 기준, 중립, 중앙, 중성 등의 개념을 지닌 글자입니다.

이들의 사용 예로는 기운, 기준, 기초, 미진, 이치. 지리, 치밀, 키, 피하다 등이 있습니다.

3) 모음 10자 중 나머지 'ㅗ', 'ㅛ', 'ㅜ', 'ㅠ', 'ㅡ' 이들 5자는 수평의 뜻을 담고 있는 글자입니다. 다시 말해서 이들의 뜻에는 수평의 뜻이 없다고 할 수 있습니다.

여기서 'ㅗ'와 'ㅛ'는 지표면을 기준으로 태양이나 하늘이 위쪽에 위치하고 있는 모양을 본떠서 만든 글자입니다. 따라서 이들의 뜻은 세상이 어두운 곳이 거의 없는 가장 환한 상태가 되어 환하다, 매우 가볍다, 황홀하다, 위로, 오르다, 높다, 매우 작다, 즉흥적이다, 낙관적이다, 도전적이다 등의 뜻을 가지고 있습니다. 이들의 뜻을 함축적으로 표현하면 「그 기운(에너지)이 위로 향하다」라고 할 수 있습니다.

그리고 이들의 방위는 당연히 남쪽에 해당하고, 음양의 성질은 양성에 해당한다고 할 수 있습니다.

이들의 사용 예로는 고공, 고개, 고통, 놀라다, 높다, 모습, 목표, 봉우리, 솟아오르다, 좋다, 쫓다, 초기, 총기, 토하다, 통하다, 호탕,

화통, 황홀 등이 있습니다.

다음으로 'ㅜ'와 'ㅠ'는 'ㅗ'와 'ㅛ'의 대칭의 개념으로서 지표면을 기준으로 태양이나 하늘이 아래쪽에 위치하고 있는 모양을 본떠서 만든 글자입니다. 따라서 이들의 뜻은 세상이 밝은 곳이 거의 없는 가장 어두운 상태가 되어 매우 어둡다, 매우 무겁다, 우울하다, 무섭다, 아래로, 매우 멀다, 크다, 신중하다, 비관적이다 등의 뜻을 가지고 있습니다. 이들의 뜻을 함축적으로 표현하면 「그 기운(에너지)이 아래로 향하다」라고 할 수 있습니다.

그리고 이들의 방위는 당연히 북쪽에 해당하고, 음양의 성질은 음성에 해당한다고 할 수 있습니다.

이들의 사용 예로는 규율, 누렇다, 둘레, 무리, 물, 불, 숙이다, 우울, 울다, 주룩주룩, 춥다, 충성, 풍년, 풍부, 후덕, 흉하다 등이 있습니다.

수직에 해당하는 마지막 글자인 'ㅡ'는 수직의 기준, 중립, 중앙, 중성 등의 개념을 지닌 글자입니다.

이들의 사용 예로는 그, ~는, ~들, ~를, 스스로, ~은, 즈음, 즐기다, 크다, 흐르다 등이 있습니다.

# 자음(닿소리)의
# 원리

자음의 기본형
자음의 확장형

| 구 분 | 모 양 | 뜻 |
| --- | --- | --- |
| 아음(어금닛소리) | ㄱ(기역) | 시작하다, 기초적이다, 근본적이다, 근원적이다, 밑바닥, 깊다 등 |
| 설음(혓소리) | ㄴ(니은) | 넓다, 부드럽다, 따듯하다, 자유롭다, 오래되다 등 |
| 순음(입술소리) | ㅁ(미음) | 많다, 빈틈없다, 꼼꼼하다. 분명하다 등 |
| 치음(잇소리) | ㅅ(시옷) | 응축되다, 강하다, 단단하다, 날카롭다, 으깨다 등 |
| 후음(목구멍소리) | ㅇ(이응) | 둥글다, 완전하다, 원활하다, 여유롭다 등 |

1) 우리는 이미 자음이 인간의 목, 입, 이, 혀의 발음기관이 공기(호흡)의 흐름을 막거나 떼는 형태를 취하면서 만들어지는 모양을 본떠서 만들어졌다는 사실을 잘 알고 있습니다. 그리고 무엇보다 중요한 사실은 이들 자음이 발음기관의 모양뿐 만아니라 그 뜻도 발음기관의 모양과 성질을 그대로 담고 있다는 사실입니다. 이에 대하여 차례대로 살펴보도록 하겠습니다.

2) 먼저, 어금닛소리인 'ㄱ'은 혀뿌리가 목구멍을 막는 모양을 본떠서 만든 글자입니다.

이 어금닛소리는 입안의 가장 안쪽에서 소리의 시작점에서 나오는 특징이 있으므로 그 뜻도 시작하다, 기초적이다, 근본적이다, 근원적이다, 견고하다, 밑바닥, 깊다 등의 뜻을 가지고 있습니다.

이 어금닛소리의 사용 예로는 가까이, 가계, 가장, 가족, 감정, 개인, 거리, 건국, 격분, 결판, 경의, 경험, 고귀, 공경, 교육, 구속, 근본, 근원, 기계, 기본, 기운, 기초 등이 있습니다.

3) 헛소리인 'ㄴ'은 혀끝이 치조(치근이 박혀 있는 상하 악골의 공간)에 붙는 모양을 본떠서 만든 글자입니다.

이 혓소리는 혀를 이용해야만 그 소리가 나기 때문에 그 뜻도 혀의 성질을 그대로 담고 있습니다. 혀는 다른 발음기관에 비해 평평하게 넓고 움직임이 자유롭고 부드럽고 따듯한 특징 등이 있듯이, 그 뜻도 평평하게 넓다, 부드럽다, 따듯하다, 움직임이 자유롭다, 오래되다 등의 뜻을 가지고 있습니다.

이 혓소리의 사용 예로는 나르다, 날다, 너울, 넉넉히, 넘치다, 녹다, 논다, 놀다, 높다, 누다, 눕다, 느끼다 등이 있습니다.

4) 입술소리인 'ㅁ'은 소리를 낼 때 마주 붙는 두 입술, 즉 다문 입의 모양을 본떠 만든 글자입니다.

이 입술소리는 입을 다물었다 떼야 그 소리가 나게 됩니다. 이 소리는 글자의 모양이 네모이고 각이 져 있듯이, 그 뜻도 역시 그렇습니다. 그 뜻은 많다, 빈틈없다, 꼼꼼하다, 분명하다 등의 뜻을 가지고 있습니다.

이 입술소리의 사용 예로는 마감, 마무리, 맛, 머리, 먹다, 멋, 명소, 모습, 목표, 문, 미움 등이 있습니다.

5) 잇소리인 'ㅅ'은 이(치아)의 모양을 본떠 만든 글자입니다.

이 잇소리는 이(치아) 사이를 비집고 나오며 마찰해야만 그 소리가 나므로 그 뜻도 이(치아)의 성질이 그대로 가지고 있습니다. 이(치아)는 그 자체가 단단한 덩어리이고 음식물 등을 썰고 자르고 으깨는 특징이 있듯이, 그 뜻도 응축되다, 딱딱하다, 강하다, 날카롭다, 썰다, 자르다, 으깨다 등의 뜻을 가지고 있습니다.

이 잇소리의 사용 예로는 사물, 삭둑, 삶, 상부상조, 서로, 성공, 소리, 송곳, 솟다, 수정 등이 있습니다.

6) 마지막으로, 목구멍소리인 'ㅇ'은 소리가 나는 장소가 목청이므로 목구멍을 본떠 만든 글자입니다. 'ㅇ'은 초성일 때는 음가가 없으며, 종성일 때는 혀뿌리를 높여 연구개를 막고 날숨을 코 안으로 내보낼 때 나는 소리입니다

이 목구멍소리는 목청을 좁혀 둥글게 만들어야만 소리가 납니다. 이들은 글자의 모양이 둥글고 각이 없듯이, 그 뜻도 역시 그러합니다. 그 뜻은 둥글다, 완전하다, 원활하다, 여유롭다 등의 뜻을 가지고 있습니다.

이 목구멍소리의 사용 예로는 아름답다, 안녕, 양지, 어머니, 아버지, 얼굴, 영웅, 옹기, 완성, 완전, 왕, 왕성, 우리, 운, 웅성, 융합, 원앙 등이 있습니다.

7) 지금까지 살펴본 '자음의 기본형'과 앞으로 살펴볼 '자음의 확장형'을 통해 「자음은 인간중심의 글자다」라는 사실을 알 수 있을 것입니다.

| 구 분 | 확장형 | 겹자음 |
| --- | --- | --- |
| 아음(어금닛소리) | ㅋ(키읔) | ㄲ(쌍기역) |
| 설음(혓소리) | ㄷ(디귿), ㄹ(리을), ㅌ(티읕) | ㄸ(쌍디귿) |
| 순음(입술소리) | ㅂ(비읍), ㅍ(피읖) | ㅃ(쌍비읍) |
| 치음(잇소리) | ㅈ(지읒), ㅊ(치읓) | ㅆ(쌍시옷), ㅉ(쌍지읒) |
| 후음(목구멍소리) | ㅎ(히읗) | |

1) 자음의 확장형과 겹자음은 우리가 보기에 한 획을 추가하거나 겹친 형태이기 때문에 가볍게 생각할 수 있는 면이 있습니다. 그러나 세종대왕이 이렇게 만들기까지 어떤 과정을 거쳤을까를 더듬어 생각해 보면 그분이 얼마나 고심하고 치밀하게 연구하였는가를 짐작하고도 남음이 있을 것입니다. 이에 대하여 차례대로 살펴

보도록 하겠습니다.

2) 어금닛소리 'ㄱ'의 확장자인 'ㅋ'과 겹자음인 'ㄲ'은 'ㄱ'보다 센소리와 된소리가 나는 것을 가장 쉽고 단순하게 표기하기 위해 만든 글자입니다.

'ㅋ'은 'ㄱ'을 두 개 이상 포개어서 그 중에서 가장 쉽고 단순하게 'ㄱ'에 한 획을 더해 만든 글자라는 것을 알 수 있고, 'ㄲ'은 'ㄱ'을 병렬로 겹쳐서 만든 글자라는 것을 알 수 있습니다.

이들의 사용 예로는 칸, 칼, 켜다, 쾌감, 크다, 키, 깨끗이, 깨달음, 꼭지, 꽃, 꿋꿋이, 끝 등이 있습니다.

3) 혓소리 'ㄴ'의 확장자인 'ㄷ', 'ㄹ', 'ㅌ'과 겹자음인 'ㄸ'은 어금닛소리와 마찬가지로 'ㄴ'보다 센소리와 된소리가 나는 것을 가장 쉽고 단순하게 표기하기 위해 만든 글자입니다.

'ㄷ'은 'ㄴ'을 두 개 포개어서 이를 쉽고 단순하게 표기하기 위해 'ㄴ'에 한 획을 더하여 만든 글자이고, 'ㄹ'은 'ㄴ'을 여러 개 이어서 만든 글자이며, 'ㅌ'은 'ㄴ'을 여러 개 포개어서 'ㄴ'에 두 획을 더하여 만든 글자입니다. 그리고 'ㄸ'은 'ㄷ'을 병렬로 겹쳐서 만든 글자입니다.

이들의 사용 예로는 다가가다, 다정다감, 다니다, 돈다, 두리둥실, 랄랄라, 졸졸졸, 탄다, 태산, 태우다, 턴다, 털다, 통통, 티끌, 따뜻이, 땅, 뜻, 띄우다 등이 있습니다.

4) 입술소리 'ㅁ'의 확장자인 'ㅂ', 'ㅍ'과 겹자음인 'ㅃ'은 'ㅁ'보다 센소리와 된소리가 나는 것을 가장 쉽고 단순하게 표기하기 위해 만든 글자입니다.

'ㅂ'은 'ㅁ'을 두 개 포개어서 이를 쉽고 단순하게 표기하기 위해 'ㅁ'에 획을 더해 만든 글자이고, 'ㅍ'은 'ㅁ'을 여러 개 포개어서 이를 쉽고 단순하게 표기하기 위해 'ㅁ'에 획을 여러 개 더해 만든 글자입니다. 그리고 'ㅃ'은 'ㅂ'을 병렬로 겹쳐서 만든 글자입니다.

이들의 사용 예로는 밥, 법, 부부, 부유, 분명, 비빔, 파랑, 판사, 팔랑팔랑, 펄펄, 펴다, 풍년, 핍박, 빠르다, 빨강 등이 있습니다.

5) 잇소리 'ㅅ'의 확장자인 'ㅈ', 'ㅊ'과 겹자음인 'ㅆ', 'ㅉ'은 'ㅅ'보다 센소리와 된소리가 나는 것을 가장 쉽고 단순하게 표기하기 위

해 만든 글자입니다.

'ㅈ'은 'ㅅ'을 두 개 포개어서 이를 쉽고 단순하게 표기하기 위해 'ㅅ'에 한 획을 더해 만든 글자이고, 'ㅊ'은 'ㅅ'을 여러 개 포개어서 이를 쉽고 단순하게 표기하기 위해 'ㅈ'에 한 획을 더해 만든 글자입니다. 그리고 'ㅆ'은 'ㅅ'을 병렬로 겹쳐서 만든 글자이고, 'ㅉ'은 'ㅈ'을 병렬로 겹쳐서 만든 글자입니다.

이들의 사용 예로는 자연, 작두, 장소, 장수, 저장, 전쟁, 전진, 정상, 조정, 종소리, 지속, 찬물, 창, 청정, 청춘, 촌각, 총, 추수, 충격, 싸우다, 쓰다, 씨름, 짜다, 쪼개다, 찌르다 등이 있습니다.

6) 목구멍소리 'ㅇ'의 확장자인 'ㅎ'은 'ㅇ'보다 센소리가 나는 것을 가장 쉽고 단순하게 표기하기 위해 만든 글자이고, 'ㅇ'을 여러 개 포개어서 이를 쉽고 단순하게 표기하기 위해 'ㅇ'에 획을 더해 만든 글자입니다.

이의 사용 예로는 학교, 한껏, 함성, 항상, 행동, 헌화, 험한, 호의, 혼, 홍수, 화기, 화술, 화합, 환영, 황제, 황후, 후덕, 흠모, 힘 등이 있습니다.

# 소리마디의 원리

소리마디(음절)란?
소리마디의 표기법
소리마디의 자모 수

## 01 소리마디(음절)란?

| 구 분 | 역 할 |
|---|---|
| 초 성 | 자음으로 음절의 외부나 표면 등의 역할을 합니다. |
| 중 성 | 모음으로 음절의 밝기, 크기, 무게, 거리, 음양, 방향 등 중심적인 역할을 합니다. |
| 종 성 | 자음으로 음절의 내부나 내면 등의 역할을 합니다. |

1) 한글의 소리마디는 초성, 중성, 종성으로 이루어지고, 이때 초성과 중성은 자음이 담당하고 중성은 모음이 담당합니다. 그리고 초성, 중성, 종성의 각 뜻이 어우러져 그 소리마디의 뜻이 완성됩니다.

2) 소리마디를 사람이나 동물에 비유하면 초성은 머리에, 중성은

몸통에, 종성은 다리에 각 해당한다고 할 수 있습니다. 이를 다시 나무로 비유하면 초성은 나뭇가지와 잎에, 중성은 줄기나 몸통에, 종성은 뿌리에 각 해당한다고 할 수 있습니다.

3) 이처럼 초성은 소리마디가 나타내고자 하는 외부나 표면 등에 해당하고, 중성은 밝기, 크기, 무게, 거리, 음양, 방향 등 그 소리마디의 중심에 해당하고, 종성은 내부나 내면 등에 해당한다고 할 수 있습니다. 소리마디에서 종성을 쓰지 않는 경우는 쓰지 않아도 소리마디가 나타내고자 하는 뜻이 충족되기 때문입니다.

4) 따라서 소리마디에서 가장 중요한 역할을 담당하는 것이 중성인 모음이라는 것을 알 수 있습니다. 다시 말해서 모음의 뜻을 제대로 이해하지 않고서는 그 소리마디의 뜻을 정확히 안다고 할 수 없습니다.

# 02 소리마디의 표기법

| 중 성 | 표 기 법 |
|---|---|
| ㅏ, ㅓ, ㅣ 등<br>수평개념의 모음 | 초성은 모음의 왼쪽에 표기, 종성이<br>있을 경우 초성과 중성의 밑에 표기 |
| ㅗ, ㅜ, ㅡ 등<br>수직개념의 모음 | 초성은 모음의 위에 표기, 종성이<br>있을 경우 중성의 밑에 표기 |
| 수평과 수직이<br>결합된 혼합형 모음 | 초성은 모음의 왼쪽 위에 표기,<br>종성이 있을 경우 초성과 중성의 밑에<br>표기 |

1) 한글의 소리마디는 초성(님에서 'ㄴ'), 중성(님에서 'ㅣ'), 종성(님에서 'ㅁ')의 3개의 음소(음의 최소단위)로 이루어집니다. 이때 초성과 종성은 자음을 쓰고 중성은 모음을 씁니다.

2) 소리마디의 특징은 자모를 하나씩 풀어쓰지 않고 하나의 소

리마디로 모아쓰기를 합니다. 소리마디로 모아쓰기를 할 때는 초
성을 먼저 쓰고, 그 오른쪽이나 아래에 중성을 쓰며, 모든 종성에
는 초성과 중성 밑에 씁니다.


3) 이에 대해 좀 더 구체적으로 표현하면,

첫째, 가운뎃소리(중성)가 'ㅏ', 'ㅐ', 'ㅑ', 'ㅒ', 'ㅓ', 'ㅔ', 'ㅕ', 'ㅖ', 'ㅣ'
일 때는 중성을 초성의 오른쪽에 붙여 쓰고, 종성이 있을 경우는
그 아래에 붙여 씁니다. 이를 모아쓰기 형태로 표기하면 다음과
같고, 이들 중성은 좌우의 수평의 뜻을 나타냅니다.

둘째, 중성이 'ㅗ', 'ㅛ', 'ㅜ', 'ㅠ', 'ㅡ'일 때는 중성을 초성의 아래
쪽에 붙여 쓰고, 종성이 있을 경우는 그 아래에 붙여 씁니다. 이를
모아쓰기 형태로 표기하면 다음과 같고, 이들 중성은 상하의 수직
의 뜻을 나타냅니다.

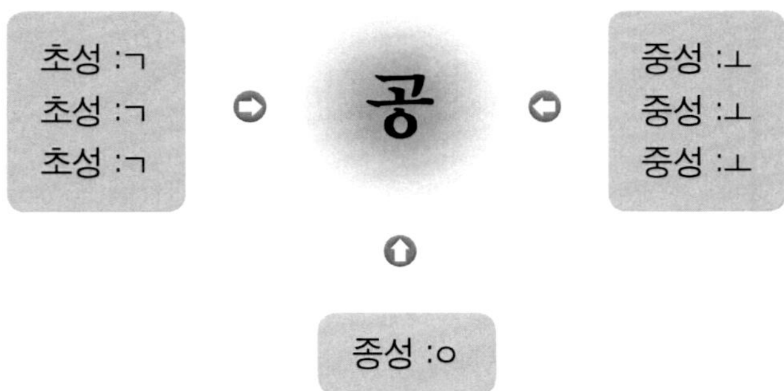


셋째, 중성이 'ㅘ', 'ㅙ', 'ㅚ', 'ㅝ', 'ㅞ', 'ㅟ', 'ㅢ'와 같이 겹홀소리일 때는 중성을 초성의 오른쪽에 붙여 쓰고, 종성이 있을 경우는 그 아래에 붙여 씁니다. 이를 모아쓰기 형태로 표기하면 이래와 같고, 이들 중성은 수평과 수직의 뜻이 결합된 복합형입니다.

| 구 분 | 자모의 수 |
|---|---|
| 자음의 초성 | ㄱ, ㄴ, ㄷ, ㄹ, ㅁ, ㅂ, ㅅ, ㅇ, ㅈ, ㅊ, ㅋ, ㅌ, ㅍ, ㅎ, ㄲ, ㄸ, ㅃ, ㅆ, ㅉ 등 19자 |
| 모음의 중성 | ㅏ, ㅑ, ㅓ, ㅕ, ㅗ, ㅛ, ㅜ, ㅠ, ㅡ, ㅣ, ㅐ, ㅒ, ㅔ, ㅖ, ㅘ, ㅙ, ㅚ, ㅝ, ㅞ, ㅟ, ㅢ 등 21자 |
| 자음의 종성 | 홑받침 14자와 겹받침 ㄲ, ㅆ, ㄳ, ㄵ, ㄶ, ㄺ, ㄻ, ㄼ, ㄽ, ㄾ, ㄿ, ㅀ, ㅄ 13자를 합한 총 27자 |

## 1) 자음의 초성

자음이 초성으로 쓸 때는 단자음과 이중자음으로 씁니다. 오늘날 사용되는 단자음으로 'ㄱ', 'ㄴ', 'ㄷ', 'ㄹ', 'ㅁ', 'ㅂ', 'ㅅ', 'ㅇ', 'ㅈ', 'ㅊ', 'ㅋ', 'ㅌ', 'ㅍ', 'ㅎ'의 14자이고, 이중자음으로는 'ㄲ', 'ㄸ', 'ㅃ', 'ㅆ', 'ㅉ' 5자가 있습니다. 이들 이중자음은 단자음의 뜻을 좀 더 강하게 나타내거나 분명하게 나타냅니다. 따라서 자음이 초성으로 쓰이는 자수는 총 19자입니다.


　2) 모음의 중성


　모음이 중성으로 쓸 때는 단모음과 이중모음으로 씁니다. 오늘날 사용되는 단모음으로는 'ㅏ', 'ㅑ', 'ㅓ', 'ㅕ', 'ㅗ', 'ㅛ', 'ㅜ', 'ㅠ', 'ㅡ', 'ㅣ'의 10자이고, 이중모음은 두 가지 이상의 뜻이 있는 경우 이중자음과 마찬가지로 이를 나타내기 위하여 두세 모음을 합하여 만든 'ㅐ', 'ㅒ', 'ㅔ', 'ㅖ', 'ㅘ', 'ㅙ', 'ㅚ', 'ㅝ', 'ㅞ', 'ㅟ', 'ㅢ' 11자가 있습니다. 이들 이중모음은 단모음의 각 뜻이 내포되어 있습니다. 따라서 단모음의 중성으로 쓰이는 자수는 총 21자입니다.


　3) 자음의 종성


　자음이 종성으로 쓸 때는 홑받침과 겹받침을 씁니다. 오늘날 사용되는 홑받침으로는 자음 14자이고, 겹받침으로는 이중자음 'ㄲ', 'ㅆ' 2자와 두 가지 이상의 뜻이 있는 경우 이를 나타내기 위하여 두 자음을 합하여 만든 'ㄳ', 'ㄵ', 'ㄶ', 'ㄺ', 'ㄻ', 'ㄼ', 'ㄽ', 'ㄾ', 'ㄿ', 'ㅀ', 'ㅄ' 11자 등 13자가 있습니다. 따라서 자음이 종성으로 쓰이는 자수는 총 27자입니다